ro
ro
ro

New York: eine der großen Metropolen der Welt, rastlos, kreativ und unüberschaubar – viel beschriebenes Sinnbild futuristischer Visionen und pulsierender Gegenwart. Der Schriftsteller und Filmemacher Paul Auster hat sich von der Stadt inspirieren lassen wie kaum ein Künstler zuvor. New York ist ein Schlüssel zu seinem Werk, und umgekehrt hat er den Schlüssel zur Stadt. Aber es ist nicht der goldene Schlüssel, sondern ein Dietrich zu den versteckten Gassen, unterirdischen Kavernen und leer stehenden Häusern, die sonst kaum jemand bemerkt.

«Mein New York» ist ein literarisches Stadtmosaik, Austers Werk entnommen und illustriert mit stimmungsvollen Schwarzweißbildern.

Paul Auster, geboren 1947 in Newark, New Jersey, wurde berühmt durch seine «New York-Trilogie» (rororo 12548). Gemeinsam mit Wayne Wang inszenierte er die Filme «Smoke» und «Blue in the Face» (rororo 13666). 1998 inszenierte er mit Harvey Keitel und Vanessa Redgrave «Lulu on the Bridge» (rororo 22426). Paul Auster ist mit der Schriftstellerin Siri Hustvedt verheiratet, hat zwei Kinder und lebt in New York.

Das Werk von Paul Auster liegt im Rowohlt Verlag vor.

Paul Auster

MEIN NEW YORK

Zusammengestellt von
Thomas Überhoff

Mit Fotos
von Frieder Blickle und
einem Vorwort von
Luc Sante

Deutsch von
Joachim A. Frank und
Werner Schmitz

ROWOHLT TASCHENBUCH VERLAG

Die Originalausgabe erschien 1997 bei Henry Holt, New York,
unter dem Titel «Paul Auster's New York»

*Quellennachweis und Abkürzungsverzeichnis
am Ende des Buches*

Veröffentlicht im Rowohlt Taschenbuch Verlag
GmbH, Reinbek bei Hamburg, Dezember 2001
Copyright © 1989, 1990, 1991, 1992, 1993, 1994, 1996, 1998,
2000 by Rowohlt Verlag GmbH, Reinbek bei Hamburg
«Paul Auster's New York»
Copyright © 1997 by Paul Auster
Alle deutschen Rechte vorbehalten
Vorwort Copyright © 1997 by Luc Sante
Fotos Copyright © by Frieder Blickle
Bildauswahl Agentur BILDSCHÖN, Hamburg
Autorenfoto Copyright © 1997 by Nanaco Sato
Umschlaggestaltung any.way, Walter Hellmann
(Foto: Frieder Blickle)
Gesamtherstellung Clausen & Bosse, Leck
Printed in Germany
ISBN 3 499 23118 2

Die Schreibweise entspricht den Regeln
der neuen Rechtschreibung.

Bei den Worten «New York» fällt mir als Erstes die Wohnung meiner Großeltern ein, Ecke Central Park South und Columbus Circle, sechster Stock; ich stehe am Fenster und sehe hinaus. Das Fenster ist offen, ich habe einen Penny in der Hand und will ihn loslassen, um zu sehen, wie er auf die Straße fällt. Ich kann damals höchstens vier oder fünf Jahre alt gewesen sein. Gerade als ich die Hand aufmachen wollte, sah meine Großmutter zu mir rüber und rief: «Tu das nicht! Wenn der Penny jemanden trifft, durchschlägt er ihm glatt den Schädel!»

INHALT

VORWORT

Paul Auster besitzt den Schlüssel zur Stadt. Ich rede
nicht von so einem fünf Pfund schweren vergoldeten
Ding, das der Geist des legendären städtischen Emp-
fangschefs Grover Whalen in Zylinder und Bratenrock
irgendwem auf einem Podium vor dem Rathaus über-
reicht – nicht dass es nicht angemessen wäre. Doch
Austers Schlüssel gleicht eher dem Schlüssel zur Frei-
heit, dem *clé des champs*. Es ist ein Dietrich, der Zugang zu Korridoren, Kellern und verrammelten Häusern
gewährt, die sonst niemand zur Kenntnis nimmt, zu
einem Reich vielfältiger, einst für abstrakt gehaltener
Erscheinungen, deren tatsächliche Existenz erst Auster
nachgewiesen hat. Dieses Reich liegt mitten in New
York, es breitet sich durch alle Straßen der Stadt, die
Bürogebäude, Wohnhäuser und Parkanlagen aus, und
doch hat, bevor Auster dort seine Fahne aufpflanzte,
niemand es als solches wahrgenommen.

Ich möchte dies mit einem privaten Beispiel erläu-
tern. Am Abend des ersten Tages, den ich als frisch ge-
backener Student in New York an derselben Universität
verbrachte, die Auster ein paar Jahre zuvor besucht
hatte, ging ich mit meinen neuen Zimmergenossen
noch etwas trinken. Als wir die Bar verließen, war ich
ziemlich angesäuselt; als wir an einer Buchhandlung
vorbeikamen, schnappte ich mir im Vorbeigehen Kaf-
kas *Amerika* vom Straßenständer und schob mir das
Buch unter den Pullover. Als ich dann den Broadway
überquerte und die Verkehrsinsel in der Straßenmitte

erreichte, stellte sich mir ein großspuriger Teenager in den Weg und versetzte mir ohne jede Vorwarnung einen harten Schlag in den Magen; genauer gesagt: auf *Amerika*. Es tat kein bisschen weh, aber ich war so verblüfft, dass ich einfach weiterging.

Oder: Einige Jahre später sah ich abends an einer Straßenecke ein Pärchen; die beiden tanzten zu einem Song aus einem Radio, das sie an einer Laterne abgestellt hatten. «Wie schön», dachte ich. Zwei Straßen weiter stieß ich auf ein weiteres Pärchen an einer Straßenecke, und die beiden tanzten zu demselben Song aus dem Radio. An einem anderen Abend sahen ein Freund und ich auf dem Bürgersteig vor einem hell erleuchteten Bankgebäude die gesammelten Werke von Wilhelm Reich sorgfältig in chronologischer Reihenfolge ausgelegt. Ein oder zwei Jahre später bog ich in der Lower East Side um eine Ecke und sah die Straße voll gestellt mit Klappstühlen, auf denen kleine Kinder in Kirchenschuluniform saßen und, projiziert auf die Fassade des Pfarrhauses, den Film *Frankenstein* sahen.

Diese amüsanten, verwirrenden oder seltsam lyrischen Szenen schienen außerhalb jedes Kontextes zu stehen; es waren Seifenblasen, die für sich allein im Wind trieben. Heute jedoch erkenne ich sie als Teil von Paul Austers imaginärem Reich, ja als seine Schöpfungen. Es ist bemerkenswert, dass all diese Szenen sich abspielten, bevor Auster seine erste Prosa schrieb. Andererseits, wenn Borges behaupten konnte, Kafka (schon wieder Kafka) sei Hawthornes Vorgänger gewesen, dann ist es ebenso möglich, dass Austers Handschrift sich in Ereignissen zeigt, die stattfanden, als seine Romane noch kaum ein Funkeln in seinen Augen waren. Tatsächlich tauchen Dinge, wie ich sie erlebt habe, ganz buchstäblich in seinen Büchern auf: zum Beispiel der Klarinettist, der zur Begleitung von Aufzieh-Äffchen gespielt hat. Und Doc Humes, den ich nie kennen gelernt habe, aber dessen Schüler zu meiner Collegezeit allgegenwärtig waren: Mit argwöhnisch gen Himmel gerichtetem Blick hielten sie nach linsenförmigen Wolken Ausschau und entwarfen einheitliche Feldtheorien einer globalen Verschwörung.

Dieses Reich, das wir Austeralien nennen könnten, deckt sich in der geographischen Ausdehnung mit New York City wie das Nervensystem mit dem menschlichen Körper. Die damit verbundenen Erscheinungen sind Zufall, Gleichzeitigkeit, Bilokation und andere Dinge, die das Metaphysische streifen, aber man denkt dabei auch an Chiffren, Spiele, Aufführungen, spontane Darbietungen auf dem Bürgersteig – die Insiderscherze der Großstadt. Scheinbar zufällige Elemente sind wie durch Tunnel oder Gassen miteinander verbunden. Auster findet mühelos durch diese Labyrinthe. Wäre er kein Dichter, hätte er dieses Reich und seine geheimen Verbindungswege nie entdecken können. Er besitzt eine enorme und nie nachlassende Fähigkeit zum Staunen, seine Antennen sind außerordentlich empfindlich, und er hat die Geduld eines Einsiedlers, die Geduld, die man braucht, wenn man die immer neuen Geheimschriften der Großstadt entziffern will. Paul Austers New York ist manchmal ein einsamer, verlassener Strand, manchmal ein Volksfest mit allem Drum und Dran; in jedem Extrem aber erstrahlt die Stadt in einzigartiger, dunkler Schönheit. Sein Werk vermittelt dem Leser die Fähigkeit, diese Schönheit mit eigenen Augen zu erblicken.

Luc Sante

IMPRESSIONEN

Zuweilen hat es den Anschein, als streiften wir ziellos durch eine Stadt. Wir gehen die Straße entlang, biegen willkürlich in eine andere Straße ein, bleiben stehen, um das Gesims eines Hauses zu bewundern, senken den Blick, um einen Teerfleck auf dem Bürgersteig zu untersuchen, der uns an gewisse Gemälde erinnert, die wir einmal bewundert haben, betrachten die Gesichter der Leute, die uns auf der Straße entgegenkommen, versuchen uns das Leben vorzustellen, das sie mit sich herumtragen, gehen zum Essen in ein billiges Restaurant, kommen wieder heraus und setzen unseren Weg fort in Richtung Fluss, um die Boote vorbeigleiten oder die großen Schiffe im Hafen vor Anker liegen zu sehen, und vielleicht singen oder pfeifen wir beim Gehen vor uns hin oder versuchen uns an irgendetwas zu erinnern, das wir vergessen haben. Manchmal scheint es, als gingen wir nirgendwohin, wenn wir durch die Stadt streifen, als suchten wir uns lediglich die Zeit zu vertreiben, als sei es nur unsere Müdigkeit, die uns sage, wo und wann wir Halt machen sollen. Doch ebenso wie ein Schritt unweigerlich zum nächsten führt, folgt aus einem Gedanken unweigerlich ein nächster Gedanke, und falls einmal ein Gedanke mehr als nur einen einzigen Gedanken erzeugen sollte (sagen wir, zwei oder drei Gedanken, alle einander in ihren Konsequenzen gleichwertig), dann wird man nicht nur dem ersten Gedanken bis zu seinem Ende nachgehen müssen, sondern diesen Gedanken auch bis zu seinem

Ausgangspunkt zurückverfolgen, um sodann den zweiten Gedanken zu Ende zu führen, und dann den dritten und so weiter, und wenn wir uns von diesem Prozess eine geistige Vorstellung machen wollen, ersteht ein Netzwerk von Pfaden, ähnlich einer Abbildung vom menschlichen Blutkreislauf (Herz, Arterien, Venen, Kapillaren) oder einer Landkarte (zum Beispiel der Plan einer großen Stadt oder eine Straßenkarte, auf der die viel verzweigten Straßen eines ganzen Kontinents in geraden und geschlängelten Linien zu sehen sind), sodass wir bei unserem Gang durch die Stadt im Grunde nichts anderes tun als denken, und zwar auf eine solche Weise denken, dass unsere Gedanken eine Reise unternehmen, und diese Reise ist mehr oder weniger als die Schritte, die wir getan haben, sodass wir am Ende ohne weiteres sagen können, dass wir eine Reise unternommen haben, und selbst wenn wir unser Zimmer nicht verlassen, ist es eine Reise gewesen, und wir können ohne weiteres sagen, dass wir irgendwo gewesen sind, auch wenn wir nicht wissen, wo. *(EE)*

Nun kann er beginnen, so etwas wie ein unabhängiges Leben zu führen. Zuerst ist das, was er sich gestattet, nicht sehr gewagt, aber trotzdem betrachtet er es als eine Art Triumph, beinahe als einen Akt der Tapferkeit. Zum Beispiel das Haus zu verlassen und den Block auf und ab zu gehen. So klein sie sein mag, erfüllt ihn diese Geste doch mit Glück, und während er in dem schönen Frühlingswetter in der Orange Street hin und her geht, ist er auf eine Weise, die er seit Jahren nicht mehr empfunden hat, froh, am Leben zu sein. Von dem einen Ende aus hat man einen Blick auf den Fluss, den Hafen, die Silhouette von Manhattan, die Brücken. Blue findet das alles schön, und an manchen Tagen erlaubt er sich sogar, einige Minuten auf einer der Bänke zu sitzen und auf die Boote hinauszuschauen. Am anderen Ende steht die Kirche, und manchmal geht Blue zu dem kleinen grasbewachsenen Friedhof, um dort eine Weile zu sitzen und die Bronzestatue Henry Ward Beechers zu betrachten. Zwei Sklaven halten Beechers Beine umklammert, als wollten sie ihn bitten, ihnen zu helfen, sie endlich zu befreien, und in die Ziegelmauer dahinter ist ein Porzellanrelief Abraham Lincolns eingelassen. Blue kann nicht umhin, sich durch diese Bilder ansprechen zu lassen, und jedes Mal wenn er zu dem Friedhof kommt, füllt sich sein Kopf mit edlen Gedanken über die Würde des Menschen. *(SS)*

Ich ging in einen griechischen Coffeeshop und spendierte mir ein Bauernfrühstück: Grapefruitsaft, Cornflakes, Schinken mit Ei, Kaffee und alles, was dazugehört. Nach dem Essen kaufte ich mir sogar eine Packung Zigaretten und trank an der Theke noch eine zweite Tasse Kaffee. Ein unwiderstehliches Gefühl von Glück und Wohlbehagen hatte mich ergriffen, ich konnte die Welt wieder lieben. Alles in dem Restaurant kam mir wunderbar vor: die dampfenden Kaffeemaschinen, die Drehstühle, die großen Toaster, die silbernen Milchshake-Spender, die in Glasgefäßen gestapelten frischen Muffins. Ich fühlte mich wie kurz vor der Wiedergeburt, wie jemand, der im Begriff ist, einen neuen Kontinent zu entdecken. Während ich noch eine Camel rauchte, beobachtete ich den Mann hinter der Theke bei der Arbeit, dann die schlampige Kellnerin mit den falschen roten Haaren. Beide hatten etwas unaussprechlich Wehmütiges an sich. Ich wollte ihnen sagen, wie viel sie mir in diesem Augenblick bedeuteten, aber ich brachte die Worte nicht heraus. Einige Minuten lang blieb ich so in meinem Hochgefühl sitzen und lauschte nur meinen Gedanken. Sie waren ein einziges Durcheinander, chaotisch und ekstatisch. Dann war meine Zigarette heruntergebrannt, und ich nahm meine Kräfte zusammen und zog weiter. *(MM)*

Freitagnacht fuhr ein gewaltiger Sturm aus dem Mittelwesten übers Land, und am Samstagmorgen lag die Stadt unter einer halbmeterhohen Schneedecke. Ich packte mich in Wintermantel und Galoschen ein, schob das Manuskript meiner letzten Erzählung in eine der Manteltaschen und stapfte dann den Riverside Drive entlang zur U-Bahn-Station Ecke 116th Street und Broadway. Die Wolken verzogen sich allmählich, aber die Straßen und Bürgersteige lagen noch immer voller Schnee, es herrschte kaum Verkehr. Ein paar Autos und Lastwagen standen verlassen in hohen Schneewehen am Bordstein, und nur gelegentlich krochen vereinzelte Fahrzeuge die Straße herauf und gerieten sofort ins Rutschen, wenn der Fahrer an einer roten Ampel zu halten versuchte. Normalerweise hätte ich dieses Chaos genossen, doch an diesem Tag war das Wetter so widerlich, dass ich kaum die Nase aus dem Schal hob. Die Temperatur war seit Sonnenaufgang stetig gefallen, und jetzt war es bitterkalt, vom Hudson her bliesen heftige Windstöße, gewaltige Böen, die mich buchstäblich die Straße hinaufschoben. Völlig durchgefroren erreichte ich die U-Bahn-Station. *(L)*

«Es war tiefster Winter und saumäßig kalt. Wir sind durch den Lincoln-Tunnel, dann ins Plaza und von dort

zu Gallagher's an der Fifty-second Street. Kann mich noch gut an den Laden erinnern. Von draußen das reinste Schlachthaus. Hunderte von rohen Steaks im Schaufenster, da könnte man glatt Vegetarier werden. Aber drinnen ist es nicht übel. An den Wänden hängen lauter Fotos von Politikern, Sportlern und Filmstars, und ich muss zugeben, dass ich ganz schön beeindruckt war. Das war wohl der ganze Sinn dieses Wochenendes, nehme ich an. Mein Vater wollte mich beeindrucken, und das ist ihm nicht schlecht gelungen. Nach dem Essen sind wir zu einer Boxveranstaltung im Garden gegangen. Am nächsten Tag wieder dorthin und zwei College-Basketballspiele angesehen, und am Sonntag ins Stadion, wo die Giants gegen die Redskins spielten. Und glauben Sie nicht, wir hätten oben unterm Dach gesessen. Fünfzig-Yard-Linie, mein Freund, die besten Plätze des Hauses. Tja, ich war beeindruckt, hat mich glatt umgehauen.» *(MZ)*

Nun da der Sommer kommt und die Hitze in seinem kleinen Zimmer unbehaglich wird, ist es erfrischend, in dem kühlen Kino zu sitzen und Filme anzuschauen. Blue mag Filme, nicht nur wegen der Geschichten und der schönen Frauen, sondern auch wegen der Dunkelheit in den Kinos und weil die Bilder auf der Leinwand irgendwie den Gedanken in seinem Kopf gleichen, wenn er die Augen schließt. Auf die Art der Filme kommt es ihm nicht so sehr an. Es ist ihm mehr oder weniger gleichgültig, ob es sich um Komödien oder Dramen handelt oder ob der Film in Schwarzweiß oder in Farbe gedreht ist, aber er hat eine besondere Schwäche für Filme mit Detektiven, weil da eine natürliche Verbindung besteht. *(SS)*

Am Nachmittag war es drückend heiß geworden. Da ich sonst nichts mit mir anzufangen wusste, ging ich in eins dieser Kinos an der 42nd Street nahe beim Times Square, in denen das Hauptprogramm aus drei Spielfilmen besteht. Mich lockte die Aussicht auf klimatisierte Luft, und ich ging blindlings hinein, ohne auch nur am Aushang nachzusehen, was überhaupt lief. Für neununddneunzig Cent war ich bereit, alles auszuhalten. Ich setzte mich oben in die Raucher-Abteilung, und während der ersten beiden Filme, deren Titel ich vergessen habe, verqualmte ich weitere zehn oder zwölf Camels. Das Kino war einer dieser in der Depressionszeit erbauten knalligen Traumpaläste: Kronleuchter im Vorraum, Marmortreppen, Rokokoschnörkel an den Wänden. Es war eher ein Heiligtum als ein Kino, ein Tempel zur Verherrlichung der Illusion. Bei der draußen herrschenden Hitze schienen sich fast sämtliche New Yorker Obdachlose hierhin geflüchtet zu haben. Säufer und Süchtige, Männer mit Krätze im Gesicht, Männer, die vor sich hinmurmelten oder mit den Schauspielern auf der Leinwand sprachen. Männer, die schnarchten und furzten, Männer, die sich in die Hosen pissten. Platzanweiser patrouillierten mit Taschenlampen durch die Gänge und sahen nach, ob irgendjemand eingeschlafen war. Lärm wurde geduldet, doch verstieß es offenbar gegen das Gesetz, in diesem Kino das Bewusstsein zu verlieren. Immer wenn ein Platzanweiser einen Schlafenden entdeckte, leuchtete er ihm mit der Taschenlampe direkt ins Gesicht und sagte ihm, er solle die Augen aufmachen. Wenn der Mann nicht reagierte, zwängte sich der Platzanweiser zu ihm durch und schüttelte ihn, bis er aufwachte. Die Aufsässigen wurden, oft unter lautem und grimmigem Protest, hinausgeworfen.

Das geschah an diesem Nachmittag ein halbes Dutzend Mal. Erst viel später kam mir der Gedanke, dass die Platzanweiser wahrscheinlich nach Leichen suchten. *(MM)*

Unterdessen bereiteten wir uns gedanklich auf meinen ersten Auftritt in New York vor. Dort sollten wir zwar erst zu Thanksgiving eintreffen, einem Wochenende, das noch in weiter Ferne lag, aber wir wussten beide, dass dies der Höhepunkt der Saison, der Gipfel meiner bisherigen Karriere sein würde. Allein der Gedanke daran machte mich schwindlig. Zehn Bostons und zehn Philadelphias zusammen waren nicht so viel wert wie ein New York. Achtundsechzig Vorstellungen in Buffalo und dreiundneunzig in Trenton zählten weniger als eine einzige Minute auf einer Bühne in dieser Stadt der Städte. New York war das Allergrößte, die Weltmetropole des Showbusiness, und alle meine Erfolge in anderen Städten waren erst dann etwas wert, wenn ich meine Kunst am Broadway vorgeführt hatte. Drum hatte der Meister New York ja auch so spät eingeplant. Wenn ich dort auftrat, sollte ich ein alter Kämpe sein, ein routinierter, kampferprobter Veteran, der wusste, wie Kugeln schmeckten, und jeden Schlag einstecken konnte. Bis dahin blieb mir noch ausreichend Zeit, einer zu werden. Am zwölften Oktober hatte ich vierundsechzig Theatervorstellungen hinter mir und fühlte mich zu allen Schandtaten bereit, aber noch immer lag ein ganzer Monat vor uns. Eine solche Spannung hatte ich noch nie erlebt. New York beschäftigte mich Tag und Nacht, bis ich es nach einer Weile nicht mehr auszuhalten glaubte. *(MV)*

Bei schönem Wetter machte ich manchmal einen kleinen Spaziergang durch die Nachbarschaft, um den Kopf
freizubekommen. Es war jetzt Oktober, in New York
der beste Monat des Jahres, und ich genoss es, das früh-
herbstliche Licht zu studieren, zu beobachten, wie es
eine neue Klarheit zu gewinnen schien, wenn es schräg
auf den Backsteinhäusern stand. Es war nicht mehr
Sommer, aber der Winter kam einem noch sehr weit
weg vor, und ich erfreute mich an diesem Schwebezu-
stand zwischen warm und kalt. Wohin auch immer ich
in diesen Tagen ging, allenthalben wurde von den Mets
gesprochen. Es war eine jener seltenen Zeiten von Ein-
mütigkeit, in denen jedermann nur eins im Kopf hat.
Auf den Straßen liefen die Leute mit Transistorradios
herum und hörten die Übertragungen von den Spielen,
große Menschenmengen versammelten sich vor den
Schaufenstern der Elektrogeschäfte, um das Geschehen
auf stummen Bildschirmen zu verfolgen, jähe Jubelrufe
ertönten aus Eckkneipen, aus Fenstern, von unsichtbaren Dächern. In den Playoffs ging es gegen Atlanta,
dann in der World Series gegen Baltimore. Von acht
Spielen in diesem Oktober verloren die Mets nur eins,
und nach Beendigung des Abenteuers hielt New York
mal wieder eine Konfettiparade ab. Über fünfhundert
Tonnen Papier regneten an diesem Tag auf die Straßen,
ein Rekord, der heute noch nicht eingestellt ist. *(MM)*

A.s Baseballerinnerungen waren zwangsläufig mit denen an seinen Großvater verknüpft. Sein Großvater
hatte ihn zu seinem ersten Spiel mitgenommen, hatte
ihm von den alten Spielern erzählt, hatte ihm gezeigt,
dass Baseball ebenso viel mit Reden wie mit Zusehen
zu tun hat. Als kleiner Junge wurde A. oft in dem Büro

an der Fifty-seventh-Street abgesetzt, wo er an den Schreib- und Addiermaschinen herumspielte, bis sein Großvater mit der Arbeit fertig war und ihn zu einem gemächlichen Broadway-Bummel mitnahm. Zu dem Ritual gehörten jedes Mal ein paar Runden Pokerino in einer der Spielhallen, ein kurzes Mittagessen und anschließend eine Fahrt mit der U-Bahn – zu einem der Baseballstadien. Selbst jetzt noch, während sein Großvater aus dem Leben schwand, setzten sie ihre Gespräche über Baseball fort. Es war das einzige Thema, bei dem sie einander noch immer ebenbürtig waren. Zu jedem seiner Besuche im Krankenhaus brachte A. die neueste Ausgabe der *New York Post* mit, und dann saß er neben dem Bett des alten Mannes und las ihm die Berichte über die Spiele vom Vortag vor. Es war sein letzter Kontakt zur Außenwelt, und der war schmerzlos, eine Reihe kodierter Botschaften, die er mit geschlossenen Augen verstehen konnte. Alles andere wäre zu viel gewesen. *(EE)*

Der Schnee beginnt zu schmelzen. Am nächsten Morgen scheint die Sonne hell, Schwärme von Spatzen tschilpen in den Bäumen, und Blue kann das angenehme Tropfen des Wassers von der Dachkante, den Zweigen, den Laternenpfählen hören. Der Frühling scheint plötzlich nicht mehr weit zu sein. Noch ein paar Wochen, sagt er sich, und jeder Morgen wird wie dieser sein.

Black nutzt das Wetter aus, um einen weiteren Spaziergang zu machen als je zuvor, und Blue folgt ihm. Blue ist erleichtert, sich wieder bewegen zu können, und als Black immer weiter läuft, hofft Blue, dass die Wanderung lange genug dauern wird, damit er seine

steifen Glieder lockern kann. Er ist immer ein begeis-
terter Geher gewesen, und das Gefühl, wie seine Beine
in der Morgenluft ausschreiten, erfüllt ihn mit Glück.
Während sie durch die engen Straßen von Brooklyn
Heights gehen, fasst Blue Mut, als er sieht, dass sich
Black immer weiter von zu Hause entfernt. Aber dann
verdüstert sich seine Stimmung plötzlich. Black geht
die Treppe hinauf, die zum Fußgängersteg über die
Brooklyn-Brücke führt, und Blue kommt auf die Idee,
dass er springen will. So etwas kommt vor, sagt er sich.
Ein Mann geht auf die Brücke, wirft durch den Wind
und die Wolken einen letzten Blick auf die Welt und
springt hinunter ins Wasser, die Knochen krachen beim
Aufschlag, der Körper bricht auseinander. Blue würgt es
bei dieser Vorstellung, er sagt sich, dass er aufpassen
muss. Wenn irgendetwas geschieht, beschließt er, wird
er seine Rolle als neutraler Zuschauer aufgeben und
einschreiten. Denn er will nicht, dass Black tot ist – zumindest noch nicht.

Es ist viele Jahre her, dass Blue die Brooklyn-Brücke
zu Fuß überquerte. Das letzte Mal ging er als Junge mit
seinem Vater, und die Erinnerung an diesen Tag kehrt
nun zu ihm zurück. Er sieht sich, wie er die Hand seines
Vaters hielt und neben ihm herging, und er hört den Verkehr unten auf der stählernen Brückenstraße, er erinnert
sich, dass er zu seinem Vater sagte, dass Geräusch klinge
wie das Summen eines riesigen Bienenschwarms. Zu
seiner Linken sieht er die Freiheitsstatue, zu seiner
Rechten Manhattan, die Gebäude ragen in der Morgen-
sonne so hoch auf, dass sie reine Einbildung zu sein
scheinen. Sein Vater wusste viel, und er erzählte Blue
die Geschichte von allen Monumenten und Wolkenkratzern, lange Litaneien von Einzelheiten – die Archi-

tekten, die Daten, die politischen Intrigen – und dass die Brooklyn-Brücke einmal das größte Bauwerk in Amerika war. Der Alte war in demselben Jahr geboren worden, in dem die Brücke vollendet worden war, und Blue denkt immer an diese Verbindung, so als wäre die Brücke ein Monument zu Ehren seines Vaters. Er mag die Geschichte, die ihm an dem Tag erzählt wurde, an dem er und Blue Senior über dieselben Bohlen nach Hause gingen, über die er jetzt geht, und aus irgendeinem Grunde hat er sie nie vergessen. Wie John Roebling, dem Konstrukteur der Brücke, wenige Tage nach Fertigstellung der Pläne ein Fuß zwischen den Dockpfählen und einem Fährboot zerquetscht wurde und er in weniger als drei Wochen an einem Gangrän starb. Er hätte nicht sterben müssen, sagte Blues Vater, aber die einzige Behandlung, die er gelten ließ, war die Hydrotherapie, und die erwies sich als nutzlos, und Blue fand es seltsam, dass ein Mann, der sein Leben damit verbracht hatte, Brücken über Gewässer zu bauen, damit die Menschen nicht nass wurden, glauben konnte, die einzige wahre Medizin bestünde darin, sich in Wasser einzutauchen. Nach John Roeblings Tod übernahm sein Sohn Washington die Stelle des Chefingenieurs, und das war auch eine merkwürdige Geschichte. Washington Roebling war damals erst einunddreißig und hatte, abgesehen von den Holzbrücken, die er während des Bürgerkriegs gebaut hatte, keine Erfahrung, aber er war noch begabter als sein Vater. Nicht lange nachdem mit dem Bau der Brooklyn-Brücke begonnen worden war, war er während eines Brandes mehrere Stunden in einem der Unterwasser-Caissons eingeschlossen und zog sich einen schweren Fall von Caissonkrankheit zu, ein qualvolles Leiden, bei dem sich Stickstoffbläschen im Blutstrom sammeln. Der Anfall brachte ihn beinahe um, und danach war er ein Invalide, unfähig, das Zimmer im obersten Stockwerk des Hauses in Brooklyn Heights zu verlassen, in dem er und seine Frau sich eingerichtet hatten. Dort saß Washington Roebling viele Jahre lang jeden Tag und beobachtete den Fortschritt der Brücke durch ein Fernrohr. Jeden Morgen schickte er seine Frau mit seinen Anweisungen hinunter, und er zeichnete kunstvolle Farbbilder für die ausländischen Arbeiter, die kein Englisch sprachen, damit sie verstanden, was sie als Nächstes zu tun hatten. Und das Bemerkenswerte war, dass er die ganze Brücke buchstäblich im Kopf hatte: Jedes Teil hatte er auswendig gelernt bis hinunter zu den winzigsten Stückchen Stahl und Stein, und obwohl Washington Roebling nie einen Fuß auf die Brücke setzte, war sie in ihm vollständig gegenwärtig, so als wäre sie am Ende all dieser Jahre irgendwie in seinen Körper hineingewachsen. *(SS)*

Weiß Gott, was ich erwartet habe. Auf alle Fälle nicht das, was Auggie mir dann am nächsten Tag gezeigt hat. In einem kleinen fensterlosen Hinterzimmer des Ladens öffnete er eine Pappschachtel und zog zwölf völlig gleich aussehende schwarze Fotoalben daraus hervor. Dies sei sein Lebenswerk, sagte er, und er brauche nicht mehr als fünf Minuten am Tag dafür. In den letzten zwölf Jahren habe er jeden Morgen um Punkt 7 Uhr an der Ecke Atlantic Avenue und Clinton Street gestanden und jeweils aus genau demselben Blickwinkel ein Farbfoto aufgenommen. Das Projekt umfasste inzwischen über viertausend Fotografien. Jedes Album repräsentierte ein anderes Jahr, und sämtliche Bilder waren der Reihe nach eingeklebt, vom 1. Januar bis zum 31.

Dezember, und unter jedes einzelne war sorgfältig das Datum eingetragen.

Als ich in den Alben herumblätterte und Auggies Werk zu studieren begann, wusste ich gar nicht, was ich denken sollte. Anfangs hatte ich den Eindruck, dies sei das Seltsamste, das Verblüffendste, was ich je gesehen hatte. Die Bilder glichen sich aufs Haar. Das ganze Projekt war ein betäubender Angriff von Wiederholungen, wieder und wieder dieselbe Straße und dieselben Gebäude, ein anhaltendes Delirium redundanter Bilder. Da mir nichts dazu einfiel, schlug ich erst einmal weiter die Seiten um und nickte voll geheuchelter Anerkennung. Auggie schien ungerührt, er sah mir mit breitem Lächeln zu, aber nachdem ich ein paar Minuten so herumgeblättert hatte, unterbrach er mich plötzlich und sagte: «Sie sind zu schnell. Wenn Sie nicht langsamer machen, werden Sie nie dahinter kommen.»

Er hatte natürlich Recht. Wer sich keine Zeit zum Hinsehen nimmt, wird niemals etwas sehen. Ich nahm ein anderes Album und zwang mich, bedächtiger vorzugehen. Ich achtete genauer auf Einzelheiten, bemerkte den Wechsel des Wetters, registrierte die mit dem Fortschreiten der Jahreszeiten sich ändernden Einfallswinkel des Lichts. Schließlich vermochte ich subtile Unterschiede im Verkehrsfluss zu erkennen, den Rhythmus der einzelnen Tage vorauszuahnen (das Gewühl an Werktagen, die relative Ruhe der Wochenenden, den Kontrast zwischen Samstagen und Sonntagen). Und dann begann ich ganz allmählich die Gesichter der Leute im Hintergrund zu erkennen, die Passanten auf dem Weg zur Arbeit, jeden Morgen dieselben Leute an derselben Stelle, wie sie einen Augenblick ihres Lebens im Blickfeld von Auggies Kamera verbrachten.

Sobald ich sie wieder erkannte, begann ich zu erforschen, wie ihre Haltungen von einem Morgen zum anderen wechselten; ich versuchte aus diesen oberflächlichen Anzeichen auf ihre Stimmungen zu schließen, als ob ich mir Geschichten für sie ausdenken könnte, als ob ich in die unsichtbaren, in ihren Körpern eingeschlossenen Dramen eindringen könnte. Ich nahm mir ein anderes Album vor. Jetzt war ich nicht mehr gelangweilt, nicht mehr verwirrt wie am Anfang. Auggie fotografierte die Zeit, wurde mir klar, sowohl die natürliche Zeit als auch die menschliche Zeit, und dies bewerkstelligte er, indem er sich in einem winzigen Winkel der Welt postierte und ihn in Besitz nahm, einfach indem er an der Stelle, die er sich erwählt hatte, Wache hielt. *(AW)*

Das Gefühl, das einen bei solchen Blicken auf das Großstadtleben überkommt, gleicht in etwa den Empfindungen beim Betrachten eines Fotos. Cartier-Bressons «entscheidender Moment» sollte einem dabei vielleicht als Leitgedanke vorschweben. Alles kommt auf die Bereitschaft an: Man kann nicht mit dem festen Vorsatz, etwas zu schreiben oder zu fotografieren, auf die Straße hinaustreten, und doch muss man dazu bereit sein, sobald sich die entsprechende Gelegenheit bietet. Weil ein «Werk» nur entstehen kann, wenn die Welt es einem geschenkt hat, darf man die Welt nicht aus den Augen lassen. *(KH)*

BEGEGNUNGEN

Kurz vor dem Columbus Circle bemerkte ich einen jungen Schwarzen in etwa meinem Alter, der parallel zu uns auf der anderen Straßenseite ging. Soweit ich erkennen konnte, war an ihm nichts Ungewöhnliches. Er war anständig gekleidet, an seinem Verhalten wies nichts darauf hin, dass er betrunken oder verrückt sein könnte. Aber da ging er an einem wolkenlosen Frühlingsabend und hielt sich einen aufgespannten Schirm über den Kopf. Das war schon abwegig genug, aber dann sah ich, dass der Schirm auch noch kaputt war: Das Tuch war vom Gestänge entfernt, und die nackten, sinnlos in die Luft gespreizten Speichen ließen das Ganze wie eine riesige und unwahrscheinliche Stahlblume aussehen. Der Anblick brachte mich unwillkürlich zum Lachen. Auch Effing stieß ein Gelächter aus, als ich ihm die Sache beschrieb. Seins war lauter als meins und machte den Mann auf der anderen Straßenseite auf uns aufmerksam. Mit breitem Grinsen winkte er uns, zu ihm unter seinen Schirm zu kommen. «Wieso wollen Sie sich dem Regen aussetzen?», sagte er fröhlich. «Kommen Sie rüber, damit Sie nicht nass werden.» Sein Angebot hatte etwas so Schrulliges und Offenherziges, dass es unhöflich gewesen wäre abzulehnen. Wir überquerten also die Straße und brachten die nächsten dreißig Blocks des Broadway unter einem kaputten Schirm hinter uns. Es gefiel mir, wie selbstverständlich Effing bei diesem Spaß mitmachte. Er spielte mit, ohne irgendwelche Fragen zu stellen, er begriff intuitiv, dass solch höherer Blödsinn nur Bestand haben konnte, wenn wir alle so taten, als ob wir daran glaubten. Unser Schirmherr hieß Orlando, und er war ein begabter Komödiant: Er trippelte flink um imaginäre Pfützen, wehrte Regentropfen ab, indem er den Schirm in verschiedene Richtungen schräg hielt, und ließ dabei ein pausenloses Feuerwerk von grotesken Assoziationen und Wortspielen vom Stapel. Es war Phantasie in reinster Form: Er erweckte nicht existierende Dinge zum Leben, überredete uns, eine Welt zu akzeptieren, die es in Wirklichkeit gar nicht gab.

An der Ecke Broadway und 84th Street nahmen wir von Orlando Abschied, schüttelten uns alle die Hand und schworen, unser Leben lang Freunde zu bleiben. Als kleine Zugabe zu unserem Spaziergang streckte Orlando die Hand aus, um herauszufinden, wie das Wetter war, dachte einen Augenblick nach und erklärte dann, der Regen habe aufgehört. Ohne weitere Umstände klappte er den Schirm zusammen und schenkte ihn mir zum Andenken. «Hier, Mann», sagte er, «den solltest du mitnehmen. Man kann nie wissen, ob es nicht wieder zu regnen anfängt, und ich möchte nicht, dass ihr beiden nass werdet. So ist das nun mal mit dem Wetter: Es ändert sich ständig. Wer nicht auf alles vorbereitet ist, ist auf gar nichts vorbereitet.»

«Das ist wie mit Geld auf der Bank», sagte Effing.

«Ganz genau, Tom», sagte Orlando. «Steck ihn unter deine Matratze und heb ihn dir für schlechte Zeiten auf.»

Er ballte die Faust zum Black-Power-Gruß und schlenderte davon, und als wir das Ende des Blocks erreicht hatten, war er in der Menge verschwunden. *(MM)*

Es war Frühling, mein letztes Studienjahr, wenige Wochen vor dem Examenstermin. Plötzlich tauchte von irgendwoher ein Mann auf dem Campus der Columbia auf und sorgte für einiges Aufsehen. Zunächst nahm ich seine Anwesenheit nur am Rande wahr, aber einzelne Bruchstücke der Geschichten, die über ihn umgingen, kamen mir dann doch zu Ohren. So hörte ich zum Beispiel, dass er sich «Doc» nannte und dass er aus undurchsichtigen Motiven, die irgendwie mit dem amerikanischen Wirtschaftssystem und der Zukunft der Menschheit zu tun hatten, einfach so an Fremde Geld verteilte. Bei all den Skurrilitäten, die damals im Schwange waren, kümmerte ich mich nicht weiter darum.

Eines Abends ließ ich mich von zwei Freunden überreden, mit ihnen zum Times Square zu gehen, wo wir uns den neuesten Spaghetti-Western von Sergio Leone ansahen. Nach der Vorstellung beschlossen wir, den Abend mit einem kleinen Jux zu krönen, und begaben uns ins Metropole Café Ecke Broadway und 48th Street. Das Metropole war früher mal ein erstklassiger Jazzclub gewesen, jetzt aber war es eine Oben-ohne-Bar mit wandgroßen Spiegeln, Stroboskopen und einem halben Dutzend Mädchen, die in Glitzertangas auf einer Art Bühne tanzten. Wir nahmen einen Tisch weit hinten in einer Ecke und begannen zu trinken. Als unsere Augen sich an die Dunkelheit gewöhnt hatten, sah einer meiner Freunde jenen «Doc» allein in einem Winkel am anderen Ende des Raumes sitzen. Mein Freund ging zu ihm und bat ihn, sich zu uns zu setzen, und als der bärtige, leicht zerzauste geheimnisvolle Mann neben mir Platz nahm und etwas von Gene Krupa murmelte und wie runtergekommen dieser Laden doch sei, wandte ich kurz den Blick von den Tänzerinnen ab, um einem Mann die Hand zu geben, der sich dann als der legendäre vergessene Schriftsteller H. L. Humes entpuppte.

Er hatte in den fünfziger Jahren den *Paris Review* mitgegründet, hatte zwei erfolgreiche Frühwerke veröffentlicht *(Underground City* und *Men Die)*, und gerade als er sich einen Namen zu machen begann, verschwand er von der Bildfläche. Er stieg einfach aus dem Literaturbetrieb aus und ließ nie wieder von sich hören.

Ich kenne nicht die ganze Geschichte, aber aus gewissen Bemerkungen konnte ich schließen, dass es ihm ziemlich dreckig gegangen war und dass er eine lange Zeit voller Rückschläge und Entbehrungen durchgemacht hatte. Unter anderem erzählte er von Schockbehandlungen, dem Scheitern seiner Ehe und mehreren Aufenthalten in psychiatrischen Kliniken. Nach seiner Darstellung hatte er das Schreiben aus medizinischen Gründen aufgeben müssen – also nicht freiwillig. Die Elektroschocktherapie habe seinen Organismus geschädigt, sagte er, immer wenn er einen Stift in die Hand nehme, würden seine Beine anschwellen und ihm unerträgliche Schmerzen verursachen. Da ihm das geschriebene Wort nicht mehr zur Verfügung stehe, müsse er sich jetzt auf das gesprochene Wort verlassen, um seine «Botschaft» in die Welt zu schicken. Er gab uns in dieser Nacht eine erschöpfende Demonstration davon, wie gründlich er sein neues Medium gemeistert hatte, erst in der Oben-ohne-Bar, dann auf einem Spaziergang, der uns fast siebzig Blocks weit bis nach Morningside Heights führte: Der Mann redete wie ein Wasserfall, quatschte und quasselte uns die Ohren voll mit einem Monolog, der mit nichts zu vergleichen war, was ich je

zuvor gehört hatte. Es war das wirre Gerede eines über-
spannten Hippie-Propheten, eine unaufhörliche, lei-
denschaftliche Eruption von Paranoia und Geistesblit-
zen, eine schlingernde Gedankenreise, die so rasend
schnell und unvorhersehbar zwischen Tatsachen, Meta-
phern und Spekulationen hin und her sprang, dass es
einem buchstäblich die Sprache verschlug. Er sei mit
einem Auftrag nach New York gekommen, erzählte er
uns. Er habe fünfzehntausend Dollar in der Tasche, und
wenn seine Theorien über das Finanzwesen und die
Strukturen des Kapitalismus zuträfen, werde er mit diesem Geld die amerikanische Regierung stürzen können.

Eigentlich war das alles ganz einfach. Sein Vater war
kürzlich gestorben und hatte Doc den erwähnten Betrag
vererbt; und statt das Geld für sich selbst auszugeben,
gedachte unser Freund es zu verschenken. Nicht auf
einen Schlag und nicht an eine bestimmte Person oder
wohltätige Einrichtung, sondern an alle, an die ganze
Welt auf einmal. Zu diesem Zweck hatte er die Bank
aufgesucht, den Scheck eingelöst und sich in Fünfzig-
Dollar-Scheinen auszahlen lassen. Mit diesen dreihun-
dert Porträts von Ulysses S. Grant als Visitenkarte
wollte er sich bei seinen Mitverschwörern vorstellen
und die größte ökonomische Revolution der Geschichte entfesseln. Geld ist schließlich eine Fiktion,
wertloses Papier, das Wert nur erwirbt, weil eine große
Anzahl von Menschen ihm Wert beimisst. Das System
beruht auf Vertrauen. Nicht auf Wahrheit oder Realität,
sondern auf kollektivem Glauben. Und was würde geschehen, wenn man dieses Vertrauen untergrübe, wenn
eine große Anzahl von Menschen plötzlich an dem
System zu zweifeln anfingen? Theoretisch müsste das
System zusammenbrechen. Das war in aller Kürze der

Gegenstand von Docs Experiment. Die Fünfzig-Dollar-Scheine, die er an Fremde verteilte, waren nicht einfach Geschenke, sondern Waffen im Kampf für eine bessere Welt. Er wollte mit seiner Verschwendung ein Zeichen setzen, er wollte beweisen, dass man sich selbst desillusionieren und den Bann brechen kann, in den uns das Geld geschlagen hält. Jedes Mal wenn er einen Batzen Geld zur Verteilung brachte, wies er den Empfänger an, es so schnell wie möglich auszugeben. Gib es aus, verschenk es, bring es in Umlauf, sagte er, und sag dem Nächsten das Gleiche. Auf diese Weise käme über Nacht eine Kettenreaktion in Gang, und im Handumdrehen würden so viele Fünfziger durch die Gegend fliegen, dass das System aus den Fugen geriete. Wellen würden davon ausgehen, Neutronenladungen aus Tausenden, ja aus Millionen verschiedenen Quellen würden durch den Raum springen wie kleine Gummibälle. Und hätten sie erst einmal genug Tempo und Schwung, würden sie die Durchschlagskraft von Geschossen bekommen und allmählich die Wände zum Einsturz bringen.

Ich kann nicht sagen, inwieweit ich das tatsächlich geglaubt habe. So verwirrt er gewesen sein mag, ein Mann von seiner Intelligenz hätte eine absurde Idee mit Sicherheit als solche erkannt. Er hat das zwar niemals zugegeben, aber im Grunde meines Herzens bin ich überzeugt, dass er wusste, was für ein Unsinn das war. Das hielt ihn natürlich nicht davon ab, die Sache zu genießen und seinen Plan bei jeder Gelegenheit auszuwalzen, aber das geschah eher im Geiste einer schrägen Performance denn als echte politische Handlung. H. L. Humes war nicht irgendein verrückter Spinner, der Befehle von grünen Marsmännchen entgegennahm. Er war ein kaputter, ausgebrannter Schriftsteller, der auf den Sandbänken seines Bewusstseins auf Grund gelaufen war, und statt aufzugeben und dem Leben vollständig zu entsagen, hatte er diese kleine Farce erdacht, um sich Mut zu machen. Das Geld verschaffte ihm wieder ein Publikum, und solange Menschen ihm zusahen, war er inspiriert, fanatisch, die Ein-Mann-Band schlechthin. Er hüpfte herum wie ein Possenreißer, Rad schlagend, durchs Feuer springend, sich selbst aus Kanonen schießend, und soweit ich das beurteilen konnte, hat er es in jeder Minute genossen.

Als er in dieser Nacht mit mir und meinen Freunden den Broadway hoch marschierte, zog er eine gewaltige Show ab. Zwischen seinen Tiraden und Lachanfällen und Ausbrüchen kosmologischer Litanei wandte er sich immer wieder an Passanten und redete auf sie ein; mitten im Satz brach er ab, drückte irgendjemandem einen Fünfzig-Dollar-Schein in die Hand und drängte ihn, das Geld auszugeben, als ob es kein Morgen mehr geben würde. Der Übermut führte in dieser Nacht Regie, und Doc war die Hauptattraktion, der Rattenfänger des Chaos. *(HM)*

Es ging nicht darum, jedem, der zufällig vorbeikam, Geld zu geben, sondern gewissenhaft die Bedürftigsten auszusuchen, diejenigen herauszugreifen, deren Not am größten war. Die Armen verdienten automatisch mehr Beachtung als die Reichen, die Behinderten waren den Gesunden vorzuziehen, die Verrückten sollten Vorrang vor den Normalen haben. Wir legten diese Regeln ganz zu Anfang fest, und in Anbetracht der Zustände auf New Yorks Straßen fiel es nicht schwer, sie zu befolgen.

Manche Leute brachen weinend zusammen, wenn ich ihnen das Geld gab; andere lachten laut; wieder andere äußerten gar nichts. Ihre Reaktionen waren unmöglich vorauszusagen, und bald hatte ich mir abgewöhnt, von den Leuten zu erwarten, was ich mir im voraus einbildete. Da gab es die Misstrauischen, die meinten, dass wir sie hereinlegen wollten – einer ging sogar so weit, das Geld zu zerreißen, und mehrere andere beschuldigten uns als Geldfälscher; da gab es die Gierigen, denen fünfzig Dollar nicht genug waren; da gab es die Einsamen, die sich an uns klammerten und uns nicht gehen lassen wollten; da gab es die Fröhlichen, die uns zu einem Drink einladen wollten, die Traurigen, die uns ihre Lebensgeschichte erzählen wollten, die Künstler, die uns mit Tanz und Gesang ihre Dankbarkeit erwiesen. Doch versuchte zu meinem Erstaunen kein Einziger von ihnen, uns auszurauben. Wahrscheinlich hatten wir damit einfach Glück, obwohl wir natürlich immer schnell den Schauplatz wechselten, an keinem Ort sehr lange verweilten. Zumeist verteilte ich das Geld auf der Straße, aber ich machte auch etliche Exkurse in die Bars und Cafés der unteren Schichten – Blarney Stones, Bickfords, Chock Full o'Nuts –, wo ich jedem Gast am Tresen einen Fünfzig-Dollar-Schein vor die Nase knallte. «Ein bisschen Sonnenschein verbreiten!», rief ich dann und blätterte das Geld so schnell hin, wie ich konnte, und ehe die verwirrten Kunden fassen konnten, was ihnen geschah, war ich schon wieder auf die Straße gerannt. Ich beschenkte Stadtstreicherinnen und Nutten, Säufer und Penner, Hippies und kleine Ausreißer, Bettler und Krüppel – das ganze Gesindel, das nach Sonnenuntergang die Boulevards bevölkert. Um die vierzig Geschenke zu verteilen, die wir jeden Abend loszuwerden hatten, brauchten wir nie mehr als anderthalb Stunden. *(MM)*

«Heute wie nie zuvor: die Obdachlosen, die Herunter-
gekommenen, die Frauen mit den Einkaufstüten, die
Ziellosen, die Betrunkenen. Von den lediglich Mittello-
sen bis zu den völlig Elenden und Gebrochenen. Wohin
man sich wendet, sie sind da, in guten und in schlechten
Vierteln.

Manche betteln mit einem Anschein von Stolz. Gebt
mir dieses Geld, scheinen sie zu sagen, und ich werde
bald einer der euren sein und hin und her eilen bei meinen täglichen Geschäften. Andere haben die Hoffnung
aufgegeben, sich jemals wieder aufzurappeln. Sie liegen
auf dem Gehsteig ausgestreckt mit ihrem Hut, ihrer
Schale oder ihrer Schachtel, machen sich nicht einmal
die Mühe, zu den Vorübergehenden aufzublicken, zu
sehr geschlagen, um auch nur denen zu danken, die ihnen eine Münze hinwerfen. Andere wieder versuchen,
für das Geld, das man ihnen gibt, zu arbeiten: die blinden Bleistiftverkäufer, die Weinsäufer, die einem die
Windschutzscheibe des Wagens waschen. Manche erzählen Geschichten, gewöhnlich tragische Schilderun-
gen ihres eigenen Lebens, so als wollten sie ihren Wohl-
tätern etwas für ihre Güte geben – und wären es nur
Worte.

Andere haben echtes Talent. Der alte Schwarze
heute zum Beispiel, der steppte, während er Zigaretten
jonglierte – immer noch würdevoll, offensichtlich ein
ehemaliger Varietékünstler, in einem purpurroten An-
zug mit grünem Hemd und gelbem Schlips, der Mund
in einem halb vergessenen Bühnenlächeln erstarrt.
Dann gibt es die Pflastermaler und Musiker: Saxopho-
nisten, Gitarristen, Geiger. Gelegentlich trifft man ein
Genie, wie ich heute:

Ein Klarinettist unbestimmten Alters mit einem Hut,

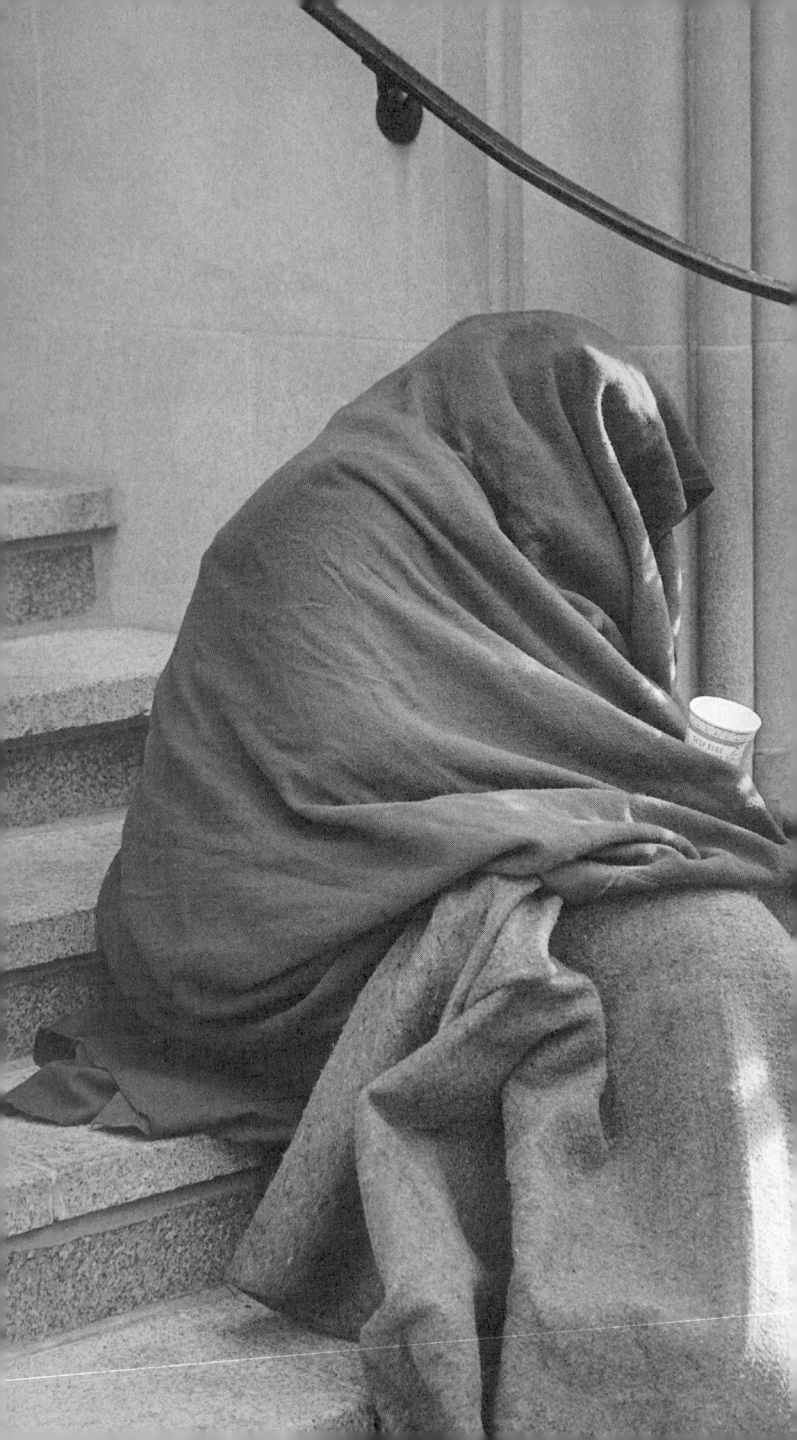

der sein Gesicht vollkommen verdunkelte, saß mit ge-
kreuzten Beinen wie ein Schlangenbeschwörer auf dem
Gehsteig. Direkt vor ihm standen zwei aufziehbare
Affen, der eine mit einem Tamburin, der andere mit
einer Trommel. Während der eine schüttelte und der andere schlug und beide seltsame, präzise Synkopen er-
zeugten, improvisierte der Mann endlose kleine Varia-
tionen auf seinem Instrument, sein Körper schaukelte
steif vor und zurück und ahmte nachdrücklich den
Rhythmus der Affen nach. Er spielte leicht und mit fei-
nem Gespür lebhafte, verschlungene Figuren in Moll, so
als wäre er glücklich, mit seinen mechanischen Freunden beisammen zu sein, eingeschlossen in dem Universum, das er geschaffen hatte. Es ging weiter und weiter,
letzten Endes immer dasselbe, und dennoch: Je länger
ich zuhörte, desto schwerer fiel es mir, mich loszureißen.

Innerhalb dieser Musik sein, in den Kreis ihrer Wiederholungen gezogen werden: Vielleicht ist dies ein
Ort, wo man zuletzt verschwinden könnte.

Aber Bettler und Künstler machen nur einen kleinen
Teil der Vagabundenbevölkerung aus. Sie sind die Ari-
stokraten, die Elite der Gefallenen. Weit zahlreicher
sind diejenigen, die nichts zu tun haben, die nirgendwohin gehen können. Viele sind Säufer, aber dieser
Ausdruck wird der Verheerung nicht gerecht, die sie
verkörpern. Hüllen der Verzweiflung, in Lumpen gekleidet, ihre Gesichter blau geschlagen und blutend:
Sie schlurfen durch die Straßen wie in Ketten. Sie schlafen in Toreingängen, taumeln wie Verrückte durch den
Verkehr, brechen auf Gehsteigen zusammen. Und sie
scheinen überall zu sein, sooft man sich nach ihnen um-
sieht. Manche verhungern, andere erfrieren, wieder andere werden geschlagen oder verbrannt oder gefoltert.

Für jede Seele, die in dieser besonderen Hölle verloren ist, gibt es mehrere andere, die im Wahnsinn eingeschlossen leben – unfähig, in die Welt hinauszugehen, die an der Schwelle ihres Körpers beginnt. Obwohl sie da zu sein scheinen, können sie nicht als anwesend gezählt werden. Der Mann zum Beispiel, der immer zwei Trommelstöcke bei sich hat und mit ihnen einen verwegenen, unsinnigen Rhythmus auf das Pflaster trommelt, ungeschickt vornüber gebeugt, während er die Straße entlang geht und auf den Beton schlägt und schlägt. Vielleicht glaubt er, eine wichtige Arbeit zu verrichten. Vielleicht würde, wenn er nicht tut, was er tut, die Stadt auseinander fallen. Vielleicht würde der Mond aus seiner Bahn trudeln und auf die Erde stürzen. Es gibt welche, die mit sich selbst reden, die murmeln, schreien, fluchen, stöhnen, die sich selbst Geschichten erzählen, als hörte ihnen jemand zu. Der Mann, den ich heute sah: Er saß wie ein Haufen Abfall vor der Grand Central Station, die Menge strömte an ihm vorbei, und er sagte mit lauter, schreckerfüllter Stimme: ‹Drittes Marineinfanteriekorps … Bienen essen … Die Bienen krabbeln aus meinem Mund.› Oder die Frau, die einem unsichtbaren Begleiter zurief: ‹Und was, wenn ich nicht will! Was, wenn ich, verdammt nochmal, einfach nicht will!›

Da sind die Frauen mit ihren Einkaufstüten und die Männer mit ihren Pappkartons, die ihre Habseligkeiten von einem Ort zum anderen tragen, immer unterwegs, als ob es von Bedeutung wäre, wo sie sind. Der Mann, der sich in eine amerikanische Flagge eingehüllt hat. Die Frau mit einer Halloween-Maske vor dem Gesicht. Der Mann in einem zerschlissenen Mantel, seine Schuhe sind in Fetzen gewickelt, aber er trägt ein tadellos gebügeltes Hemd auf einem Kleiderbügel, noch in der Plastikhülle der Reinigung. Der Mann in einem Straßenanzug, barfuß, einen Rugbyhelm auf dem Kopf. Die Frau, deren Kleidung von Kopf bis Fuß mit Ansteckplaketten vom Präsidentschaftswahlkampf bedeckt ist. Und da ist der Mann, der beim Gehen die Hände vors Gesicht hält, hysterisch weint und immer und immer wieder sagt: ‹Nein, nein, nein. Er ist tot. Er ist nicht tot. Nein, nein, nein. Er ist tot. Er ist nicht tot.›» *(SG)*

Was mir aus meinen letzten Wochen in New York am lebhaftesten in Erinnerung geblieben ist, ist mein Abschiedsgespräch mit Joe Reilly, einem Obdachlosen, der sich oft in der Eingangshalle meines Wohnhauses in der West 107th Street herumgetrieben hat. Das Haus, abgewirtschaftet und neun Stockwerke hoch, beherbergte wie die meisten an der Upper West Side eine Vielfalt unterschiedlicher Menschen. Noch ein Vierteljahrhundert später kann ich mir mühelos eine ganze Reihe von ihnen ins Gedächtnis zurückrufen. Da waren zum Beispiel der puertoricanische Postbote, der chinesische Kellner und die dicke blonde Opernsängerin mit dem Lhaso Apso. Zu schweigen von dem schwulen schwarzen Modedesigner mit dem schwarzen Pelzmantel und von den streitsüchtigen Klarinettisten, deren gemeine Zankereien durch die Wände meiner Wohnung drangen und mir die Nächte vergifteten. Im Erdgeschoss dieses grauen Backsteingebäudes hatte man eine der Wohnungen in zwei Hälften geteilt, deren jede von einem Rollstuhlfahrer bewohnt wurde. Der eine arbeitete an dem Zeitungskiosk Ecke Broadway und 110th Street; der andere war ein Rabbi im Ruhestand. Der Rabbi, ein außerordentlich charmanter Bursche, hatte einen spitzen Künstlerbart und trug immer eine schwarze Baskenmütze, die ihm flott und verwegen auf dem Kopf saß. An den meisten Tagen rollte er allein aus seiner Wohnung und verbrachte einige Zeit in der Eingangshalle, um mit Arthur, dem Hausverwalter, oder irgendwelchen Mietern zu plaudern, die am Aufzug ein und aus gingen. Einmal, als ich das Haus betrat, sah ich ihn durch die Glastür an seinem Stammplatz mit einem Penner in einem langen dunklen Mantel reden. Die Kombination kam mir seltsam vor, aber daran, wie der Penner dort stand und wie der Rabbi den Kopf hielt, war deutlich zu erkennen, dass die beiden gute Bekannte waren. Der Penner war völlig abgerissen, ein grindiger Säufer in speckigen Kleidern und mit zahlreichen Schnittwunden auf dem halb kahlen Schädel, das skrofulöse Wrack eines Menschen, der aussah, als sei er eben aus einem Gully hervorgekrochen. Als ich die Tür aufstieß und in die Halle trat, hörte ich ihn sprechen. Begleitet von wilden theatralischen Gesten – er ruderte mit dem linken Arm, fuchtelte mit einem Finger der rechten Hand zum Himmel – polterte ein Satz aus ihm hervor, eine Reihe von Wörtern, die so unwahrscheinlich und unerwartet waren, dass ich anfangs meinen Ohren nicht traute. «Das war mitnichten eine bloß zeitweilige Bekanntschaft!», sagte er, wobei er jede Silbe dieses blumigen, gewählten Satzes mit solcher Wichtigtuerei, mit solchem Schwulst und Behagen von der Zunge rollte, dass er sich anhörte wie ein tragischer Schmierenkomödiant, der eine Zeile aus einem viktorianischen Melodram rezitiert. W. C. Fields, wie er leibte und lebte – nur einige Oktaven tiefer, die Stimme sicherer in der Beherrschung der Wirkung, die sie zu erzielen trachtete. Eine Mischung aus W. C. Fields und Ralph Richardson vielleicht, mit einer Prise Kneipenprahlerei dazu. Wie auch immer man das beschreiben wollte, ich hatte eine solche Stimme noch nie gehört.

Als ich zu den beiden ging und den Rabbi grüßte, stellte er mich seinem Freund vor, und so erfuhr ich den Namen dieses großartigen Gentlemans, dieser gewaltigsten aller gefallenen Persönlichkeiten, des einzigartigen Joe Reilly.

Wie mir der Rabbi später genauer erzählte, hatte Joe als privilegierter Sohn einer wohlhabenden New Yorker Familie die ersten Schritte ins Leben getan und in seinen besten Jahren eine Kunstgalerie in der Madison Avenue besessen. Zu dieser Zeit hatte der Rabbi ihn kennen gelernt – damals, in den alten Zeiten, vor Joes Verfall und Zusammenbruch. Der Rabbi war damals bereits von der Kanzel abgetreten und betrieb einen Musikverlag. Joes Geliebter war Komponist, und da der Rabbi zufällig dessen Werke verlegte, war es nur natürlich, dass ihre Wege sich irgendwann einmal kreuzten. Dann starb der Geliebte ganz plötzlich. Joe hatte schon immer Probleme mit dem Trinken gehabt, sagte der Rabbi, aber jetzt fing er ernstlich zu saufen an, und sein Leben brach auseinander. Er verlor die Galerie; seine Familie wandte sich von ihm ab; seine Freunde verließen ihn. Nach und nach versank er in der Gosse, im letzten Loch am Ende der Welt, und nach Meinung des Rabbi würde er nie mehr herausfinden. Für ihn war Joe ein hoffnungsloser Fall.

Wann immer ich Joe danach in der Halle sah, griff ich in die Tasche und gab ihm ein paar Münzen. Besonders rührend fand ich an diesen Begegnungen, dass er nie die Maske fallen ließ. Stets dankte er lautstark in jener reich verzierten, an Dickens erinnernden Sprache, die ihm so mühelos von den Lippen kam, und versicherte dann, er werde mir das Geld zurückgeben, sobald es die Umstände erlaubten. «Ich bin Ihnen überaus dankbar für diese milde Gabe, junger Mann», sagte er, «wahrhaftig überaus dankbar. Da es selbstverständlich nur ein Darlehen ist, brauchen Sie sich wegen der Rückerstattung keinerlei Sorgen zu machen. Wie Sie vielleicht wissen oder auch nicht wissen, habe ich in letzter Zeit einige kleine Rückschläge erlitten, und diese Ihre großmütige Spende wird einen beträchtlichen Beitrag dazu leisten, mir wieder auf die Beine zu helfen.» Es handelte sich bei diesen Beträgen stets nur um Kleinigkeiten – vierzig Cent hier, fünfundzwanzig Cent da, was ich zufällig gerade in der Tasche hatte –, aber Joe erlahmte nie in seiner Begeisterung, nie ließ er sich anmerken, dass ihm bewusst sei, was für eine Jammergestalt er war. Da stand er, behangen mit Lumpen eines Zirkusclowns, ungewaschen und abscheulichen Gestank verbreitend, und doch beharrte er eisern auf seiner Rolle als Mann von Welt, als Dandy, der eine vorübergehende Pechsträhne hat. Der Stolz und die Selbsttäuschung, die in diese Nummer einflossen, waren ebenso komisch wie herzzerreißend, und jedes Mal wenn ich mich dem Ritual des Geldgebens unterzog, hatte ich Schwierigkeiten, das seelische Gleichgewicht zu wahren. Ich wusste nie, ob ich lachen oder weinen sollte, ob ich ihn bewundern oder mit Mitleid überhäufen sollte. «Lassen Sie einmal sehen, junger Mann», fuhr er fort, die Münzen betrachtend, die ich ihm soeben in die Hand gelegt hatte. «Ich habe, sehen wir doch mal, ich habe hier, hmmm, fünfundfünfzig Cent in meiner Hand. Addieren wir die zu den achtzig Cent, die

Sie mir letztes Mal gegeben haben, und addieren wir das dann, hmmm, addieren wir das dann zu den vierzig Cent, die Sie mir vorletztes Mal gegeben haben – demnach schulde ich Ihnen eine Gesamtsumme von, hmmm, nun ja, eine Gesamtsumme von … einem Dollar und fünfzehn Cent.» So viel zu Joes Rechenkünsten. Er pflückte einfach irgendwelche Zahlen aus der Luft und hoffte, dass sie sich gut anhörten. «Kein Problem, Joe», sagte ich. «Ein Dollar fünfzehn Cent. Nächstes Mal geben Sie's mir zurück.»

Als ich von meinen Reisen mit dem Esso-Tanker nach New York zurückkam, schien es mir, als habe er endgültig den Boden unter den Füßen verloren. Er sah noch zerschrammter aus, die alte Großspurigkeit war einer neuen Schwermut gewichen, einer quengelnden, weinerlichen Art von Verzweiflung. Eines Nachmittags, als er berichtete, wie er in der Nacht zuvor in einer Seitengasse brutal verprügelt worden war, brach er vor mir zusammen. «Die haben meine Bücher gestohlen», sagte er. «Können Sie sich das vorstellen? Diese Tiere haben meine Bücher gestohlen!» Ein andermal, als ich mitten in einem Schneesturm meine Wohnung im neunten Stock verließ und durch den Flur zum Aufzug ging, sah ich ihn allein, das Gesicht in den Händen vergraben, auf der Treppe sitzen.

«Joe», sagte ich, «alles in Ordnung?»

Er hob den Kopf. Seine Augen waren voll Kummer, voll Schmerz und Enttäuschung. «Nein, junger Mann», sagte er, «nichts ist in Ordnung mit mir, ganz und gar nichts.»

«Kann ich irgendetwas für Sie tun?», fragte ich. «Sie sehen ja schrecklich aus, einfach schrecklich.»

«Ja», sagte er, «jetzt wo Sie es sagen, können Sie

tatsächlich etwas für mich tun», und hier streckte er plötzlich die Hand aus und packte meine. Dann sah er mir offen in die Augen, nahm seine Kräfte zusammen und sagte mit vor Bewegung zitternder Stimme: «Sie können mich in Ihre Wohnung mitnehmen, sich aufs Bett legen und mich mit Ihnen schlafen lassen.»

Die Unverblümtheit seiner Bitte traf mich wie ein Donnerschlag. Ich hatte eher an so etwas wie eine Tasse Kaffee oder einen Teller Suppe gedacht. «Das kann ich nicht machen», sagte ich. «Ich stehe auf Frauen, Joe, nicht auf Männer. Tut mir Leid, aber das kann ich wirklich nicht machen.»

Was er als Nächstes sagte, klingt in mir als eine der besten und sarkastischsten Bemerkungen nach, die ich jemals gehört habe. Ohne eine Sekunde zu vergeuden und ohne die leiseste Spur von Enttäuschung oder Bedauern tat er meine Antwort mit einem Achselzucken ab und sagte mit lebhafter, lauter Stimme: «Nun, Sie haben mich gefragt – und ich habe geantwortet.» *(HM)*

Vor zwölf Jahren ging die Schwester meiner Frau nach Taiwan. Sie wollte dort Chinesisch studieren (was sie heute mit atemberaubender Gewandtheit beherrscht) und sich den Lebensunterhalt mit Englischunterricht für die in Taipeh lebenden Chinesen verdienen. Das war etwa ein Jahr bevor ich meine Frau kennen lernte, die damals an der Columbia University ein Graduiertenstudium absolvierte.

Eines Tages unterhielt sich meine künftige Schwägerin mit einer amerikanischen Bekannten, einer jungen Frau, die ebenfalls nach Taipeh gegangen war, um Chinesisch zu studieren. Als sie auf ihre Familien daheim zu sprechen kamen, ergab sich folgender Dialog:

«Ich habe eine Schwester in New York», sagte meine künftige Schwägerin.

«Ich auch», antwortete die Bekannte.

«Meine Schwester lebt auf der Upper West Side.»

«Meine auch.»

«Meine Schwester wohnt in der West 109th Street.»

«Ob Sie's glauben oder nicht: meine auch.»

«Meine Schwester wohnt im Haus Nummer 309 an der West 109th Street.»

«Meine auch!»

«Meine Schwester wohnt im ersten Stock des Hauses 309 an der West 109th Street.»

Die Bekannte holte tief Luft und sagte: «Ich weiß, das hört sich verrückt an, aber meine auch.»

Die beiden Städte Taipeh und New York liegen denkbar weit auseinander. Sie befinden sich an entgegengesetzten Enden der Erde, sind über fünfzehntausend Kilometer voneinander entfernt, und wenn in der einen Tag ist, ist in der anderen Nacht. Die beiden jungen Frauen in Taipeh staunten noch über die soeben entdeckte unglaubliche Verbindung, als ihnen aufging, dass ihre beiden Schwestern in diesem Augenblick wahrscheinlich schliefen. Auf derselben Etage desselben Gebäudes im Norden Manhattans schliefen sie jede in ihrer Wohnung, ohne etwas von dem Gespräch zu ahnen, das auf der anderen Seite des Globus über sie geführt wurde.

Wie sich herausstellte, kannten die beiden in New York einander nicht, obwohl sie Nachbarinnen waren. Als sie sich schließlich (zwei Jahre später) kennen lernten, wohnten sie beide nicht mehr in diesem Haus.

Siri und ich hatten inzwischen geheiratet. Eines Abends traten wir auf dem Weg zu irgendeiner Verabredung am Broadway in eine Buchhandlung und sahen uns ein wenig um. Dabei müssen wir in verschiedene Gänge geraten sein, denn weil Siri mir etwas zeigen wollte oder weil ich ihr etwas zeigen wollte (ich kann mich nicht erinnern), rief einer von uns den anderen beim Namen. Eine Sekunde später stürzte eine Frau auf uns zu. «Sie sind Paul Auster und Siri Hustvedt, stimmt's?», sagte sie. – «Ja», sagten wir, «stimmt genau. Woher wissen Sie das?» Darauf erklärte die Frau, dass ihre Schwester und Siris Schwester zusammen in Taiwan studiert hätten.

Endlich hatte sich der Kreis geschlossen. Seit jenem Abend vor zehn Jahren in der Buchhandlung ist diese Frau eine unserer besten und treuesten Freundinnen. *(RN)*

LABYRINTH

New York war ein unerschöpflicher Raum, ein Labyrinth von endlosen Schritten, und so weit er auch
ging, so gut er seine Viertel und Straßen auch kennen
lernte, es hinterließ in ihm immer das Gefühl, verloren
zu sein. Verloren nicht nur in der Stadt, sondern auch in
sich selbst. Jedes Mal wenn er ging, hatte er ein Gefühl,
als ließe er sich selbst zurück, und indem er sich der Bewegung der Straßen überließ, sich auf ein sehendes
Auge reduzierte, war er imstande, der Verpflichtung zu
denken zu entgehen, und das brachte ihm mehr als irgendetwas sonst ein Maß von Frieden, eine heilsame
Leere in seinem Inneren. Die Welt war außerhalb seiner
selbst, um ihn herum, vor ihm, und die Schnelligkeit,
mit der sie ständig wechselte, machte es ihm unmöglich, bei irgendeiner Einzelheit lange zu verweilen. Die
Bewegung war entscheidend, die Tätigkeit, einen Fuß
vor den anderen zu setzen und sich einfach von seinem
eigenen Körper treiben zu lassen. Durch das ziellose
Wandern wurden alle Orte gleich, und es war nicht
mehr wichtig, wo er sich befand. Auf seinen besten
Gängen vermochte er zu fühlen, dass er nirgends war.
Und das war letzten Endes alles, was er je verlangte:
nirgends zu sein. New York war das Nirgendwo, das er
um sich her aufgebaut hatte, und es war ihm bewusst,
dass er nicht die Absicht hatte, es jemals wieder zu verlassen. *(SG)*

Nach draußen gehe ich kaum noch. Nur wenn ich mit Einkaufen an der Reihe bin, aber auch dann meldet Sam sich meistens freiwillig, um es mir abzunehmen. Ich habe verlernt, mich auf der Straße zu bewegen, und diese Ausflüge sind sehr anstrengend für mich geworden. Es ist eine Frage des Gleichgewichts, nehme ich an. Meine Kopfschmerzen sind in diesem Winter wieder schlimmer geworden, und wenn ich mehr als fünfzig oder hundert Yards gehen muss, merke ich, wie ich ins Taumeln gerate. Ich glaube bei jedem Schritt hinzustürzen. Der Aufenthalt im Haus kommt mich nicht so hart an. Das Kochen erledige ich größtenteils weiter allein, aber nachdem man zwanzig bis dreißig Leute gleichzeitig mit Essen versorgt hat, sind vier nur eine Kleinigkeit. Wir essen ohnehin nicht viel. Genug, den nagenden Hunger zu dämpfen, aber mehr auch kaum. Wir versuchen, unser Geld für die Fahrt zu horten, und dürfen von dieser Lebensweise nicht abweichen. Der Winter war relativ kalt, fast so kalt wie der Schreckliche Winter, doch ohne die ewigen Schneefälle und Orkane. Warm haben wir uns gehalten, indem wir Teile des Hauses abrissen und die Stücke in den Heizkessel warfen. Wir haben die Treppengeländer auseinander genommen, die Türrahmen, die Trennwände. Anfangs bereitete uns das ein gewisses anarchisches Vergnügen – das Haus zum Heizen zu zerhacken –, aber inzwischen ist es nur noch grauenhaft. Die meisten Zimmer sind vollständig kahl, und wir haben das Gefühl, in einem verlassenen Bahnhof zu leben, in dem zum Abriss ausgeschlachteten Wrack eines Gebäudes.

Sam ist in den letzten zwei Wochen fast täglich draußen gewesen, um die Randgebiete der Stadt durchzukämmen, die Lage an den Wällen auszukundschaften

und genau herauszufinden, ob sich irgendwo Truppen massieren. Solche Erkenntnisse könnten, wenn die Zeit reif ist, von entscheidender Bedeutung sein. Gegenwärtig scheint der Fiddler-Wall das geeignete Ziel. Er bildet die äußerste Grenze im Westen und führt direkt zu der Straße, über die man ins freie Land gelangt. Das Millenial-Tor im Süden hat uns freilich auch gereizt. Jenseits davon ist stärkerer Verkehr, wurde uns erzählt, aber das Tor selbst ist nicht so scharf bewacht. Die einzige Möglichkeit, die wir bisher endgültig ausgeschlossen haben, ist der Norden. Dort herrschen offenbar große Gefahren und Chaos, und seit einiger Zeit schon munkelt man von einer Invasion, von ausländischen Truppen, die sich in den Wäldern sammeln, um nach der Schneeschmelze zum Schlag auf die Stadt auszuholen. Natürlich haben wir solche Gerüchte auch schon früher gehört, und man weiß kaum, was man glauben soll. Dass wir im Besitz der Reisegenehmigungen sind, ist ein Glück, heißt aber noch lange nicht, dass sie uns nützen werden. Womöglich sind es Fälschungen, in welchem Fall wir Gefahr laufen, verhaftet zu werden, sobald wir sie dem Ausreiseinspektor vorzeigen. Er könnte sie aber auch ohne Angabe von Gründen konfiszieren und uns zurückschicken. So was soll vorgekommen sein, und wir müssen uns auf alles gefasst machen. *(LD)*

Als ich meine Wohnung an jenem Morgen verließ, ging ich einfach los, wohin meine Schritte mich tragen wollten. Falls ich überhaupt etwas gedacht habe, dann nur, dass der Zufall entscheiden sollte, was passierte, dass ich mich von willkürlichen Ereignissen und Eingebungen treiben lassen wollte. Meine ersten Schritte führten nach Süden, und so ging ich weiter in dieser Richtung,

zumal mir nach ein paar Blocks klar wurde, dass es ohnehin wohl das Beste wäre, meine Nachbarschaft zu
verlassen. Man beachte, wie der Stolz meinen Entschluss schwächte, über mein Elend erhaben zu bleiben; Stolz und Schamgefühl. Ein Teil von mir war ent-
setzt von dem, was ich mit mir hatte geschehen lassen,
und ich wollte nicht Gefahr laufen, irgendeinen Bekannten zu treffen. Richtung Norden wäre ich nach
Morningside Heights gekommen, und dort wären die
Straßen voller vertrauter Gesichter gewesen. Ich wäre
zwar nicht auf Freunde, mit Sicherheit aber auf Leute
gestoßen, die mich vom Sehen kannten: die alte Clique
aus der West End Bar, Klassenkameraden, ehemalige
Professoren. Ich hatte nicht den Mut, ihren Blicken
standzuhalten, ihrem Starren, ihrer Verblüffung. Schlimmer noch, die Vorstellung, mit einem von ihnen reden
zu müssen, versetzte mich in Panik.

Ich ging nach Süden, und für den Rest meiner Tage
auf der Straße setzte ich keinen Fuß mehr auf den Upper Broadway. *(MM)*

Eines Tages Mitte Februar traf ich mich mit meiner
Lektorin in Manhattan zum Lunch. Das Restaurant lag
irgendwo in den West Twenties, und nach dem Essen
ging ich die Eighth Avenue in Richtung Thirty-fourth
Street hinauf, von wo ich mit der U-Bahn nach Brooklyn zurückfahren wollte. Fünf oder sechs Blocks vor
meinem Ziel sah ich Sachs zufällig auf der anderen
Straßenseite gehen. Ich kann nicht sagen, dass ich stolz
bin auf das, was ich dann tat, aber damals schien es mir
vernünftig. Ich war neugierig zu erfahren, was er auf seinen Streifzügen so trieb, ich wollte unbedingt wissen,
womit er seine Tage ausfüllte; anstatt ihm zuzurufen,

blieb ich daher im Hintergrund und hielt mich verborgen. Es war ein kalter Nachmittag, der Himmel zerrissen und grau. Schnee lag in der Luft. In den nächsten zwei Stunden ging ich Sachs durch die Straßen nach, verfolgte meinen Freund durch die Schluchten von New York. Wenn ich jetzt darüber schreibe, kommt es mir viel schlimmer vor, als es tatsächlich war, zumindest in Bezug auf das, was zu tun ich mir damals einbildete. Ich hatte nicht die Absicht, ihm nachzuspionieren, wollte bestimmt nicht in irgendwelche Geheimnisse eindringen. Sondern ich war auf der Suche nach einem Hoffnungsschimmer, einem optimistischen Ausblick, der meine Sorgen beschwichtigen könnte. Ich sagte mir: Er wird mich überraschen; er wird irgendwohin gehen oder irgendetwas tun, das mir beweisen wird, dass alles mit ihm in Ordnung ist. Aber es tat sich nichts in diesen zwei Stunden. Sachs wanderte durch die Straßen wie eine verlorene Seele und streifte immer im selben langsamen und nachdenklichen Tempo planlos zwischen Times Square und Greenwich Village herum, ohne auch nur einmal schneller zu werden, ohne sich überhaupt darum zu kümmern, wo er war. Er schenkte Bettlern Geld. Alle zehn oder zwölf Blocks blieb er stehen, um sich eine Zigarette anzuzünden. Einige Minuten stöberte er in einem Buchladen herum, wo er eins meiner Bücher aus dem Regal zog und ziemlich aufmerksam studierte. Er trat in einen Pornoshop und sah sich Magazine mit nackten Frauen an. Dann hielt er vor dem Schaufenster eines Elektronikgeschäfts. Schließlich kaufte er eine Zeitung, ging in ein Café an der Ecke Bleecker und MacDougal Street und setzte sich an einen Tisch. Dort ließ ich ihn sitzen, gerade als die Kellnerin kam, um seine Bestellung aufzunehmen. *(L)*

Kurz nach seinem Umzug in die Varick Street verschwand irgendwo auf den Straßen dieses Viertels der sechsjährige Etan Patz. Jeder Blick A.s traf auf ein Foto des Jungen (an Laternenpfählen, in Schaufenstern, an leeren Backsteinmauern), darüber die Worte: KIND VERMISST. Das Gesicht dieses Kindes unterschied sich nicht allzu sehr von dem seines eigenen (und selbst wenn, hätte es wohl auch nicht viel geändert), und daher wurde er jedes Mal wenn er des Fotos ansichtig wurde, an seinen Sohn erinnert – und mit genau diesen Worten: Kind vermisst. Etan Patz war eines Morgens von seiner Mutter zum Schulbus geschickt worden (am ersten Tag nach einem langen Busfahrerstreik; der Junge hatte es kaum erwarten können, endlich etwas Kleines ganz allein zu tun, diese winzige Geste der Selbständigkeit zu machen) und war seitdem nicht mehr gesehen worden. Was auch immer ihm zugestoßen sein mochte, es hatte keine Spuren hinterlassen. Er konnte entführt worden sein, er konnte ermordet worden sein, oder vielleicht war er einfach losgezogen und an einem Ort ums Leben gekommen, wo es keine Zeugen gab. Das Einzige, was sich mit einiger Sicherheit sagen lässt, ist, dass er verschwunden war – wie vom Erdboden verschluckt. Die Zeitungen berichteten ausführlich darüber, und A. erkannte allmählich, dass der Gegenwart dieser – seiner eigenen und zugegebenermaßen wesentlich kleineren hinzugefügten – Katastrophe nicht zu entrinnen war. Alles, was ihm vor die Augen kam, schien bloß ein Bild von dem zu sein, was in seinem Innern vorging. Die Tage vergingen, und jeden Tag wurde ein bisschen mehr von dem Schmerz in seinem Innern nach außen gezerrt. Ein Gefühl von Verlust erfasste ihn und ließ ihn nicht mehr los. Und zuweilen

empfand er diesen Verlust als so groß und so er-
drückend, dass er glaubte, er werde nie mehr von ihm
weichen. *(EE)*

Ich fuhr mit dem Bus Nummer 4 nach Norden. Gerade
als wir in die 110th Street einbogen, erspähte ich ihn
durchs Fenster – er stand an der Fifth Avenue, am nörd-
lichen Ende des Central Park. Er wirkte ziemlich mitgenommen. Seine Kleidung war zerknittert, er sah
schmutzig aus, seine Augen hatten einen verlorenen,
leeren Ausdruck, den sie vorher nicht gehabt hatten. Er
ist an harte Drogen geraten, sagte ich mir. Dann fuhr
der Bus weiter, und ich verlor ihn aus dem Blick. Im
Lauf der nächsten Tage und Wochen erwartete ich ständig, ihn wieder zu sehen, jedoch vergeblich. Fünfundzwanzig Jahre vergingen, und dann, vor fünf, sechs Monaten, schlug ich die *New Yorker Times* auf und stieß auf
einen kleinen Artikel auf der Nachrufseite, worin sein
Tod mitgeteilt wurde. *(HM)*

Quinn erstarrte. Er konnte nichts tun, was nicht ein
Fehler war. Jede Wahl, die er traf – und wählen musste
er –, war rein willkürlich, eine Kapitulation vor dem Zufall. Die Ungewissheit würde ihn bis zuletzt verfolgen.
In diesem Augenblick gingen beide Stillmans weiter.
Der Erste wandte sich nach rechts, der Zweite nach
links. Quinn wünschte sich sehnlichst, sich wie eine
Amöbe teilen zu können, um in zwei Richtungen zugleich weiterzugehen. «Tu etwas», sagte er sich. «Tu sofort etwas, du Idiot.»
Ohne besonderen Grund ging er nach links und
folgte dem zweiten Stillman. Nach neun oder zehn
Schritten blieb er stehen. Etwas sagte ihm, dass er ewig

bedauern würde, was er soeben tat. Er handelte aus Trotz, er wollte den zweiten Stillman dafür bestrafen, dass er ihn verwirrte. Er machte kehrt und sah den ersten Stillman in der anderen Richtung davonschlurfen. Gewiss war dies sein Mann. Dieser heruntergekommene Mensch, der so gebrochen, so sehr von seiner Umgebung losgelöst war – das war gewiss der wahnsinnige Stillman. Quinn holte tief Luft und atmete mit zitternder Brust aus. Er konnte nichts mit Sicherheit wissen: dies nicht und nichts anderes. Er ging hinter dem ersten Stillman her, langsamer, um sich dem Schritt des alten Mannes anzupassen, und folgte ihm bis zur U-Bahn.

Es war nun beinahe neunzehn Uhr, und die Menschenmengen waren schon dünner geworden. Obwohl sich Stillman in einer Art Nebel zu bewegen schien, wusste er dennoch, wohin er wollte. Der Professor ging geradewegs auf die Treppe der U-Bahn zu, zahlte unten am Schalter und wartete ruhig auf dem Bahnsteig auf den Pendelzug zum Times Square. Quinn verlor allmählich seine Angst, entdeckt zu werden. Er hatte noch nie jemanden gesehen, der so sehr in Gedanken versunken war. Er bezweifelte, dass Stillman ihn sehen würde, wenn er sich direkt vor ihm aufstellte.

Sie fuhren mit dem Pendelzug zur West Side, gingen durch die dunklen Korridore der Station in der 42nd Street und eine weitere Treppe hinunter zu den IRT-Zügen. Sieben oder acht Minuten später stiegen sie in den Broadway-Express, fuhren zwei weit auseinander liegende Stationen stadtauswärts und stiegen in der 96th Street aus. Langsam gingen sie die letzte Treppe hinauf. Stillman machte mehrere Pausen, um Atem zu schöpfen, dann traten sie in den indigoblauen Abend hinaus. Stillman zögerte nicht. Ohne stehen zu bleiben, um sich zu orientieren, begann er den Broadway auf der Ostseite hinaufzugehen. Einige Minuten lang spielte Quinn mit der irrationalen Vorstellung, dass Stillman zu seinem, Quinns, Haus in der 107th Street ging. Aber bevor er in Panik geraten konnte, blieb Stillman an der Ecke der 99th Street stehen, wartete, bis das Licht von Rot zu Grün wechselte, und ging auf die andere Seite des Broadways hinüber. Auf halber Höhe des Blocks gab es eine schäbige kleine Herberge für heruntergekommene Existenzen, das Hotel Harmony. Quinn war schon oft daran vorbeigegangen und kannte die Weinsäufer und Vagabunden, die sich dort herumtrieben. Er war überrascht, als er sah, wie Stillman die Tür öffnete und in die Halle trat. Irgendwie hatte er angenommen, der alte Mann würde eine bequemere Unterkunft haben. Als Quinn aber vor der Tür mit den Glasscheiben stand und sah, wie der Professor an den Empfangstisch trat, etwas, was zweifellos sein Name war, in das Gästebuch schrieb, seinen Koffer nahm und im Fahrstuhl verschwand, wurde ihm klar, dass dies der Ort war, wo Stillman zu bleiben beabsichtigte.

Quinn wartete draußen noch zwei Stunden, er ging vor dem Häuserblock auf und ab und dachte, Stillman werde vielleicht noch einmal erscheinen, um in einem der Kaffeehäuser der Gegend zu Abend zu essen. Aber der alte Mann ließ sich nicht mehr sehen, und schließlich entschied Quinn, dass er schon schlafen gegangen sein musste.

Am nächsten Morgen und an vielen folgenden Morgen bezog Quinn seinen Posten auf einer Bank in der Mitte der Verkehrsinsel Broadway/99th Street. Er kam früh an, nie später als um sieben Uhr, und saß dort mit einem Pappbecher voll Kaffee, einem Butterbrötchen und einer Zeitung, die offen auf seinem Schoß lag, und beobachtete die Glastür des Hotels. Stillman kam gewöhnlich um acht Uhr, immer in seinem langen braunen Mantel und mit einer altmodischen Reisetasche. Tagelang änderte sich nichts an dieser Routine. Der alte Mann wanderte durch die Straßen des Viertels, er kam nur langsam voran, hielt manchmal kaum merklich inne, ging weiter, machte wieder eine Pause, so als müsste jeder Schritt gewogen und gemessen werden, bevor er seinen Platz in der Gesamtheit der Schritte einnehmen konnte. Quinn fiel es schwer, sich so zu bewegen. Er war es gewohnt, rasch auszuschreiten, und dieses ständige Gehen, Stehenbleiben und Schlurfen begann ihn zu quälen, so als wäre der Rhythmus seines Körpers gestört. Er war der Hase, der den Igel verfolgte, und immer wieder musste er sich ermahnen zurückzubleiben.

Was Stillman auf diesen Gängen tat, blieb für Quinn ein Geheimnis. Er konnte natürlich mit eigenen Augen sehen, was geschah, und er zeichnete auch alles pflichtbewusst in seinem Notizbuch auf. Aber die Bedeutung von alldem entging ihm. Stillman schien niemals irgendwohin zu gehen, und er schien auch nicht zu wissen, wo er war. Dennoch hielt er sich wie mit voll bewusster Absicht an ein eng umgrenztes Gebiet zwischen der 110th Street im Norden, der 72nd Street im Süden, dem Riverside Park im Westen und der Amsterdam Avenue im Osten. So zufällig seine Wanderungen auch zu sein schienen – er schlug jeden Tag eine andere Route ein –, Stillman überschritt nie diese Grenzen. Eine solche Präzision verblüffte Quinn, denn in jeder anderen Hinsicht schien Stillman kein Ziel zu haben.

Während er ging, blickte Stillman nicht auf. Seine Augen waren ununterbrochen auf das Pflaster geheftet, so als suchte er etwas. Tatsächlich bückte er sich auch dann und wann, hob etwas vom Boden auf, prüfte es genau, drehte es in der Hand hin und her. Quinn musste an einen Archäologen denken, der an einer prähistorischen Ruinenstätte eine Scherbe untersucht. Gelegentlich warf Stillman einen Gegenstand, nachdem er ihn auf diese Weise gründlich betrachtet hatte, wieder auf den Gehsteig zurück, aber meistens öffnete er seine Reisetasche und legte das Objekt behutsam hinein. Dann griff er in eine seiner Manteltaschen, holte ein rotes Notizbuch hervor – das dem Quinns ähnlich, aber kleiner war – und schrieb darin ein oder zwei Minuten lang mit großer Konzentration. Wenn er diese Prozedur beendet hatte, steckte er das Notizbuch wieder in die Tasche, nahm seine Reisetasche und setzte seinen Weg fort.

Soweit Quinn es beurteilen konnte, waren die Gegenstände, die Stillman sammelte, wertlos. Sie schienen nichts weiter zu sein als zerbrochene, weggeworfene Dinge, zufällig herumliegender Abfall. Im Laufe der Tage, die auf diese Weise vergingen, notierte Quinn das Gestell eines Regenschirms ohne Bespannung, den abgetrennten Kopf einer Gummipuppe, einen schwarzen Handschuh, den Sockel einer zerbrochenen Glühbirne, mehrere Stücke von bedrucktem Material (durchnässte Illustrierte, zerfetzte Zeitungen), ein zerrissenes Foto, unbekannte Maschinenteile und allerlei anderes Treibgut, das Quinn nicht zu identifizieren vermochte. Die Tatsache, dass Stillman diese Lumpensammelei ernst nahm, erstaunte Quinn, aber er konnte nicht mehr tun als beobachten, in sein rotes Notizbuch eintragen, was er sah, unwissend an der Oberfläche der Dinge hängen bleiben. Gleichzeitig freute es ihn, dass Stillman auch ein rotes Notizbuch hatte, so als wäre das ein heimliches Band zwischen ihnen. Quinn hegte die Vermutung, dass Stillmans rotes Notizbuch Antworten auf die Fragen enthielt, die sich in seinem Kopf angesammelt hatten, und er begann verschiedene Pläne zu entwerfen, wie er es dem alten Mann stehlen könnte. Doch die Zeit war noch nicht reif für einen solchen Schritt.

Abgesehen davon, dass er Dinge von der Straße aufhob, schien Stillman nichts zu tun. Ab und zu machte er irgendwo Halt, um zu essen. Gelegentlich rannte er gegen einen Passanten und murmelte eine Entschuldigung. Einmal wurde er beinahe von einem Auto überfahren, als er eine Straße überquerte. Stillman sprach mit niemandem, er ging in keine Geschäfte, er lächelte nicht. Er schien weder glücklich noch traurig zu sein. Zweimal, als seine Abfallausbeute besonders groß war, kehrte er mitten am Tag ins Hotel zurück und erschien einige Minuten später wieder mit der leeren Tasche.

An den meisten Tagen verbrachte er einige Stunden im Riverside Park. Er ging methodisch die geschotterten Wege entlang oder schlug sich mit einem Stock durch die Büsche. Seine Suche nach Gegenständen ließ im Grünen nicht nach. Steine, Blätter, Zweige – alles fand seinen Weg in die Tasche. Einmal beobachtete Quinn, wie er sich nach einem Stück trockenen Hundekots bückte, bedächtig daran schnupperte und es behielt. Im Park ruhte sich Stillman auch aus. Am Nachmittag, oft nach dem Mittagessen, saß er auf einer Bank und starrte auf den Hudson hinaus. Einmal, an einem besonders warmen Tag, sah ihn Quinn im Gras ausgestreckt schlafen. Wenn es dunkel wurde, aß Stillman gewöhnlich im Apollo Coffee Shop an der Kreuzung 97th Street und Broadway und kehrte dann für die Nacht in sein Hotel zurück.

Das Wichtigste war, das Interesse nicht zu verlieren. Nach und nach fühlte sich Quinn seinen ursprünglichen Absichten entfremdet, und er fragte sich nun, ob er sich nicht auf ein sinnloses Unterfangen eingelassen hatte. *(SG)*

«Gehen Sie in die Küche», sagte er, «und bitten Sie Mrs. Hume um das Fahrgeld für die U-Bahn. Dann ziehen Sie Mantel und Handschuhe an und gehen aus der Tür. Fahren Sie mit dem Lift nach unten, und gehen Sie zur nächsten U-Bahn-Station. Dort kaufen Sie zwei Marken. Stecken Sie eine der Marken in Ihre Tasche. Die andere stecken Sie in das Drehkreuz, dann gehen Sie runter und steigen in die Bahn Nummer 1 Richtung Süden. An der 72nd Street steigen Sie aus, überqueren den Bahnsteig und warten auf den Downtown-Express – Nummer 2 oder 3, das ist egal. Wenn die Türen aufgehen, steigen Sie ein und suchen sich einen Sitzplatz. Die Rush-hour ist jetzt vorbei, also dürften Sie damit keine Schwierigkeiten haben. Sie setzen sich hin und sprechen mit niemandem ein Wort. Das ist sehr wichtig. Ich wünsche, dass Sie vom Verlassen des Hauses bis zu Ihrer Rückkehr keinen Ton von sich geben. Keinen Piepser. Spielen Sie den Taubstummen, wenn jemand Sie anspricht. Wenn Sie am Schalter Ihre Marken kaufen, heben Sie einfach zwei Finger, um anzuzeigen, wie viele Sie haben möchten. Sie bleiben auf Ihrem Platz im Express sitzen, bis Sie zur Grand Army Plaza in Brooklyn kommen. Die Fahrt dürfte dreißig bis vierzig Minuten dauern. Ich wünsche, dass Sie in dieser Zeit die Augen geschlossen halten. Denken Sie so wenig wie möglich – am besten gar nichts –, und sollte das zu viel gebeten sein, dann denken Sie an Ihre Augen und die außerordentliche Fähigkeit, die Sie besitzen: Sie können die Welt sehen. Stellen Sie sich vor, was aus Ihnen werden würde, wenn Sie nicht sehen könnten. Stellen Sie sich vor, Sie würden irgendetwas unter den verschiedenen Beleuchtungen betrachten, in denen die Welt für uns sichtbar wird: Sonnenlicht, Mondlicht, elektrisches Licht, Kerzenlicht, Neonlicht. Dieses Etwas sollte ein ganz simpler und gewöhnlicher Gegenstand sein. Zum Beispiel ein Stein oder ein kleiner Holzklotz. Denken Sie sorgfältig darüber nach, wie das Aussehen dieses Gegenstandes sich unter diesen verschiedenen Beleuchtungen jeweils ändert. Weiter denken Sie nichts, falls Sie denn überhaupt denken müssen. Wenn die U-Bahn Grand Army Plaza erreicht, machen Sie die Augen wieder auf.

Ich hielt meine Augen in der Bahn geschlossen, doch war es schwierig, an nichts zu denken. Ich versuchte mich auf einen kleinen Stein zu konzentrieren, aber auch das war schwieriger, als man glauben könnte. Um mich herum war es zu laut, zu viele Leute redeten und drängelten sich an mich. Damals gab es in den Waggons noch keine Lautsprecher, die die Haltestelle ansagten, und ich musste im Kopf mitverfolgen, wo wir gerade waren, zählte an den Fingern die Haltestellen ab: eine weniger, blieben noch siebzehn; zwei weniger, blieben noch sechzehn. Zwangsläufig musste ich den Gesprächen der Passagiere zuhören, die in meiner Nähe saßen. Ihre Stimmen drängten sich mir auf, dagegen konnte ich überhaupt nichts machen. Bei jeder neuen Stimme, die ich hörte, wollte ich die Augen aufmachen, um den dazugehörigen Menschen zu sehen. Diese Versuchung war fast unwiderstehlich. Sobald man jemanden sprechen hört, macht man sich im Geist ein Bild

von ihm. Binnen Sekunden erfasst man alle relevanten Informationen: Geschlecht, ungefähres Alter, soziale Schicht, Geburtsort, sogar die Hautfarbe des Sprechers. Wenn man sehen kann, empfindet man den natürlichen Drang, mit eigenen Augen nachzuprüfen, wie nahe dieses geistige Bild der Wirklichkeit kommt. Meist kommt es ihr ziemlich nahe, aber manchmal macht man auch erstaunliche Fehler: Professoren, die wie Lastwagenfahrer reden, kleine Mädchen, die sich als alte Frauen entpuppen, Schwarze, die sich als Weiße herausstellen. Daran musste ich immer wieder denken, als der Zug durch die Finsternis ratterte. Und dann merkte ich, dass ich mit dem Abzählen der Haltestellen nicht mehr mitgekommen war, und geriet in Panik. Wenn ich nicht zufällig gehört hätte, wie eine Frau jemanden fragte, ob als Nächstes Grand Army Plaza käme, wäre ich vermutlich glatt bis zur Endstation in Brooklyn durchgefahren.
(MM)

FLUCHTPUNKTE

A. beschloss, solange sein Großvater im Krankenhaus wäre, in dessen Wohnung zu bleiben. Sie konnte ja nicht leer stehen (jemand musste die Rechnungen bezahlen, die Post abholen, die Blumen gießen), und es war dort mit Sicherheit gemütlicher als in seinem Zimmer in der Varick Street. Vor allem aber musste die Illusion aufrechterhalten werden, dass der alte Mann wieder zurückkommen würde. Bis es zum Sterben kam, bestand immer die Möglichkeit, dass es nicht dazu kam, und diese, wenn auch geringe Chance durfte nicht außer Acht gelassen werden.

A. blieb die nächsten sechs oder sieben Wochen in dieser Wohnung. Seit frühester Kindheit hatte er dort seine Besuche abgestattet: in diesem großen, gedrungenen, seltsam geformten Gebäude an der Ecke Central Park South und Columbus Circle. Er fragte sich, wie viele Stunden er als Junge damit verbracht haben mochte, auf den Verkehr hinauszusehen, der sich dort draußen um die Statue von Christopher Columbus schlängelte. Durch eben diese Fenster im sechsten Stock hatte er den Paraden zum Thanksgiving Day zugesehen, die Bauphasen des Collosseum verfolgt, ganze Nachmittage lang die Leute gezählt, die unten auf den Straßen vorbeigingen. Jetzt war er wieder in dieser Wohnung mit dem chinesischen Telefontischchen, der Glasmenagerie seiner Großmutter und der alten Luftbefeuchtungsanlage. Er war geradewegs in seine Kindheit zurückgekehrt. *(EE)*

Als am 13. August die zweite Räumungsaufforderung eintraf, besaß ich noch ganze siebenunddreißig Dollar.

Da ich nicht wusste, wohin ich mich noch wenden konnte, verließ ich meine Wohnung so selten wie möglich und versuchte, mir den Rest meiner Kräfte zu bewahren. Ab und zu ein rascher Einkauf unten an der Ecke und dann wieder zurück, sonst nichts. Von den Packpapiertüten, die ich aus dem Supermarkt mitbrachte und mit denen ich mich abwischte, bekam ich einen wunden Hintern; doch am meisten litt ich unter der Hitze. Die Luft in der Wohnung war unerträglich, sie stand wie in einem Brutkasten und lastete Tag und Nacht auf mir, und ganz gleich, wie weit ich die Fenster aufriss, ich konnte keinen Lufthauch dazu bewegen, ins Zimmer zu kommen. Aus meinen Poren strömte es unaufhörlich. Schon wenn ich nur saß, brach mir der Schweiß aus, und bei der geringsten Bewegung floss er in Strömen. Ich trank so viel Wasser wie möglich. Ich badete kalt, hielt meinen Kopf unter den Wasserhahn, presste nasse Handtücher auf Gesicht, Hals und Handgelenke. Das brachte zwar kaum Erleichterung, aber immerhin konnte ich mich so noch sauber halten.

Alles kam auf die Planung meines nächsten Schrittes an. Aber genau das machte mir die größten Schwierigkeiten, ich schaffte es einfach nicht mehr. Die Fähigkeit vorauszudenken, war mir abhanden gekommen, und sosehr ich mich auch bemühte, mir die Zukunft vorzustellen, ich konnte sie nicht sehen, ich konnte überhaupt nichts sehen. Die einzige Zukunft, die mir je gehört hatte, war die Gegenwart, in der ich jetzt lebte, und die Mühe, die es kostete, mich in dieser Gegenwart zu halten, hatte nach und nach alles andere verdrängt. Mir waren die Ideen ausgegangen. *(MM)*

Da ihm nun schon gleichgültig war, was geschah, wunderte sich Quinn nicht darüber, dass sich die Haustür in
der 69th Street ohne Schlüssel öffnen ließ. Es über-
raschte ihn auch nicht, dass die Tür der Stillman-Woh-
nung ebenfalls offen war, als er im neunten Stock den
Korridor hinunterging. Und am wenigsten wunderte es
ihn, dass die Wohnung leer war. Sie war vollkommen
ausgeräumt worden, und in den Zimmern befand sich
nichts mehr. Jedes sah genauso aus wie die anderen: ein
hölzerner Fußboden und vier weiße Wände. Das
machte auf Quinn keinen besonderen Eindruck. Er war
erschöpft und das Einzige, woran er denken konnte,
war, die Augen zu schließen.

Er ging in eines der Zimmer im hinteren Teil der
Wohnung. Es war ein kleiner Raum, der nicht mehr als
zweieinhalb mal anderthalb Meter maß. Er hatte ein
Fenster mit einem Drahtgitter, durch das man den Luftschacht sah, und schien von allen Räumen der dunkels-
te zu sein. In diesem Zimmer befand sich eine zweite
Tür, die in eine fensterlose Nische mit einer Toilette
und einem Waschbecken führte. Quinn legte das rote
Notizbuch auf den Boden, zog den Kugelschreiber des
Taubstummen aus der Tasche und warf ihn auf das Notizbuch. Dann nahm er seine Uhr ab und steckte sie in
die Tasche. Danach zog er sich ganz aus, öffnete das
Fenster und warf nacheinander alles in den Luftschacht,
zuerst den rechten Schuh, dann den linken Schuh, die
eine Socke und die andere Socke, sein Hemd, sein
Sakko, seine Unterhose, seine Hose. Er sah ihnen nicht
nach, wie sie fielen, und prüfte auch nicht nach, wo sie
landeten. Dann schloss er das Fenster, legte sich mitten
auf den Boden und schlief ein. *(SG)*

Kurz nach ein Uhr nachts kam er in Brooklyn an. Er parkte den Wagen in einer der kopfsteingepflasterten Straßen unweit des Gowanus-Kanals, einem Niemandsland mit leeren Lagerhäusern und Rudeln ausgemergelter, streunender Hunde, und ließ ihn einfach dort stehen. Vorher wischte er sorgfältig seine Fingerabdrücke ab, aber das war nur eine zusätzliche Vorsichtsmaßnahme. Die Türen waren unverschlossen, der Zündschlüssel steckte, und der Wagen würde mit Sicherheit noch vor dem Ende der Nacht gestohlen werden.

Den Rest des Weges legte er zu Fuß zurück, in einer Hand die Bowlingtasche, in der anderen den Softballschläger und die Zigaretten. An der Ecke Fifth Avenue und President Street stopfte er den Schläger zwischen Zeitungen und zerplatzte Melonenschalen in einen überfüllten Müllbehälter. Damit war er aller Sorgen ledig. *(L)*

In meinem Zimmer zu sitzen und darauf zu warten, dass der Himmel über mir einstürzen würde, war eine Sache gewesen; eine ganz andere aber war es, ins Freie gestoßen zu sein. Die Nacht kam immer näher, und ich würde binnen weniger Stunden einen Platz zum Schlafen finden müssen. Heute kommt mir das bemerkenswert vor, aber damals hatte ich bis zu diesem Zeitpunkt noch keinen ernstlichen Gedanken an dieses Problem verschwendet. Ich hatte angenommen, dass sich das irgendwie von selbst regeln würde, dass es reichte, sich auf das blinde, dumme Glück zu verlassen. Als ich dann jedoch meine Aussichten genauer betrachtete, merkte ich, wie düster sie in Wirklichkeit waren. Ich würde mich nicht wie ein Penner auf den Bürgersteig legen, sagte ich mir, und dort die ganze Nacht in Zeitungen

gehüllt verbringen. Da wäre ich ja jedem Irren in der Stadt ausgeliefert; eine Einladung an irgendwen, mir die Kehle aufzuschlitzen. Und selbst wenn mir ein Überfall erspart bliebe, würde ich bestimmt wegen Stadtstreicherei festgenommen. Andererseits – wo sollte ich denn hin? Die Vorstellung, die Nacht in einer billigen Absteige zu verbringen, stieß mich ab. Undenkbar, mit hundert Pennern in einem Raum zu liegen, ihre Gerüche einzuatmen und das Grunzen alter Männer anhören zu müssen, die es miteinander trieben. Ein solcher Ort war nichts für mich, nicht einmal, wenn ich umsonst hineinkäme. Dann gab es natürlich die U-Bahnen, aber ich wusste im Voraus, dass ich da unten kein Auge zumachen könnte – bei all dem Geschlinger, Lärm und Neonlicht, bei der Vorstellung, dass jederzeit irgendein Bahnbulle vorbeikommen und mir mit seinem Schlagstock auf die Fußsohlen hauen könnte. So irrte ich ängstlich einige Stunden umher und versuchte einen Entschluss zu fassen. Wenn ich mich am Ende für den Central Park entschied, dann nur deshalb, weil ich zu erschöpft war, als dass mir noch etwas Besseres hätte einfallen können. Gegen elf Uhr fand ich mich auf der Fifth Avenue und ließ meine Hand geistesabwesend über die Mauer streifen, die den Park von der Straße trennt. Ich blickte über die Mauer, sah den riesigen entvölkerten Park und stellte fest, dass sich mir um diese Zeit wohl kaum etwas Besseres bieten würde. Schlimm genug, aber immerhin wäre der Boden weich, und mir gefiel der Gedanke, mich dort ins Gras zu legen, mein Bett an einem Ort aufzuschlagen, wo niemand mich sehen konnte. Nahe beim Metropolitan Museum betrat ich den Park, schleppte mich ein paar Minuten hinein und kroch dann unter einen Busch. Ich hatte keine Lust mehr, mich sonderlich sorgfältig umzusehen. Die Horrorgeschichten über den Central Park waren mir hinlänglich bekannt, aber in diesem Augenblick war meine Erschöpfung größer als meine Angst. Sollte der Busch mir doch keine Deckung bieten, dachte ich, hatte ich immer noch mein Messer, um mich zu verteidigen. Ich rollte meine Lederjacke zu einem Kopfkissen zusammen und wälzte mich dann eine Weile hin und her, um es mir bequem zu machen. Sobald ich aufhörte, mich zu bewegen, hörte ich irgendwo im Gebüsch neben mir eine Grille zirpen. Gleich darauf ließ eine leichte Brise die Zweige und dünnen Äste um meinen Kopf rascheln. Zu denken hatte ich nichts mehr. Der Mond stand in dieser Nacht nicht am Himmel, auch kein einziger Stern. Bevor mir einfiel, das Messer aus der Tasche zu holen, war ich fest eingeschlafen.

Beim Aufwachen fühlte ich mich, als hätte ich in einem Güterwagen geschlafen. Es dämmerte bereits, und mein ganzer Körper schmerzte, meine Muskeln waren völlig verspannt. Ich befreite mich vorsichtig aus dem Busch, fluchte und stöhnte bei jeder Bewegung, um mir dann erst einmal ein Bild von meiner Umgebung zu machen. Ich hatte die Nacht am Rand eines Softball-Feldes verbracht, im Gesträuch hinter dem Schlagmal. Das Feld lag in einer flachen Bodensenke, und zu dieser frühen Stunde hing ein dünner grauer Nebel über dem Gras. Kein Mensch war in Sicht. Ein paar Spatzen sausten zwitschernd in der Nähe des zweiten Mals herum, in den Bäumen über mir krächzte ein Blauhäher. Ich war in New York, aber es hatte nichts mit dem New York zu tun, das ich gekannt hatte. Dieser Ort weckte keine Assoziationen, er hätte überall sein können. Während ich darüber nachdachte, wurde mir plötzlich klar, dass ich die erste Nacht überstanden hatte. Ich behaupte nicht, dass ich diese Leistung bejubelt hätte – dafür schmerzte mein Körper zu sehr –, aber ich wusste nun, dass ich ein wichtiges Stück Arbeit hinter mich gebracht hatte. Ich hatte die erste Nacht überstanden, und wenn ich es einmal geschafft hatte, würde es mir auch noch öfter gelingen.

Danach schlief ich jede Nacht im Park. Er wurde mein Asyl, eine vertraute Zuflucht vor den zermürbenden Anforderungen der Straße. Über drei Quadratkilometer, in denen ich herumstreifen konnte, und im Gegensatz zu dem massiven Geflecht von Häusern und Wolkenkratzern, das außerhalb der Parkgrenze lauerte, bot mir der Park die Möglichkeit, allein zu sein, mich vom Rest der Welt fern zu halten. Die Straßen sind voller Leute und Lärm, und ob es einem passt oder nicht, man muss sich, will man dort leben, einem strengen Verhaltenskodex unterwerfen. Wer in der Menge geht, darf nicht schneller gehen als die anderen, darf nicht hinter seinen Nächsten zurückbleiben, darf überhaupt nichts tun, was den menschlichen Verkehrsfluss stören könnte. Wer sich an diese Spielregeln hält, wird von den Leuten kaum wahrgenommen. Wenn die New Yorker durch die Straßen gehen, legt sich ein eigenartiger Schleier über ihre Augen, eine natürliche und vielleicht auch notwendige Form der Gleichgültigkeit den anderen gegenüber. Zum Beispiel ist es ganz gleich, wie man aussieht. Ausgefallene Kostüme, bizarre Frisuren, T-Shirts mit obszönen Aufdrucken – auf so was achtet kein Mensch. Andererseits ist es von äußerster Wichtigkeit, wie man sich in seinen Kleidern verhält. Irgendwelche seltsamen Gebärden werden automatisch als bedrohlich empfunden. Laut mit sich selber reden, sich kratzen, jemandem direkt in die Augen sehen: Solche Abweichungen von der Norm können bei den Mitmenschen feindliche und manchmal gewalttätige Reaktionen auslösen. Man darf weder torkeln noch ohnmächtig werden, man darf sich nicht an den Mauern festhalten, man darf nicht singen, da jegliches spontane oder eigenwillige Verhalten sofort die Blicke auf sich zieht und man sich damit bissige Bemerkungen oder gelegentlich auch einen Stoß oder einen Tritt ans Schienbein einhandelt. Ich war nicht so schlimm dran, dass mir irgendetwas Derartiges passierte, aber bei anderen habe ich es gesehen, und mir war klar, dass ich mich eines Tages vielleicht auch nicht mehr unter Kontrolle haben würde. Im Gegensatz dazu konnte man sich im Central Park wesentlich mehr gehen lassen. Niemand dachte sich etwas dabei, wenn man sich im Gras ausstreckte und mitten am Tag ein Schläfchen hielt. Niemand sah hin, wenn man unter einem Baum saß und einfach gar nichts tat, wenn man Klarinette spielte, wenn man aus vollem Halse herumschrie. Bis auf die Büroangestellten, die um die Mittagszeit in den äußeren Bezirken des Parks herumschlichen, verhielt sich die Mehrheit der Leute dort wie im Urlaub. Dieselben Dinge, die auf der Straße beunruhigt hätten, wurden hier als ungezwungener Zeitvertreib genehmigt. Die Leute lächelten einander zu, gingen Hand in Hand, nahmen ungewöhnliche Haltungen ein, küssten sich. Leben und leben lassen, und solange man sich nicht in anderer Leute Angelegenheiten einmischte, konnte man tun, was einem gerade einfiel.

Der Park hat mir zweifellos sehr gut getan. Hier konnte ich mich zurückziehen, und mehr noch, hier konnte ich so tun, als ginge es mir gar nicht so schlecht, wie es in Wirklichkeit der Fall war. Das Gras und die Bäume dachten demokratisch, und wenn ich spätnachmittags in der Sonne faulenzte oder am frühen Abend zwischen den Felsen herumkletterte, um mir einen Platz zum Schlafen zu suchen, hatte ich das Gefühl, mit meiner Umgebung so zu verschmelzen, dass ich auch für ein geübtes Auge als einer der Picknickmacher oder Spaziergänger um mich her erscheinen mochte. Die Straße ließ solche Täuschungen nicht zu. Wann immer ich in der Menge ging, wurde ich mir nur allzu bald meiner Schande bewusst. Ich fühlte mich wie ein Vagabund, ein Versager, ein Schandmal, eine Pocke auf der Haut der Menschheit. Mit jedem Tag wurde ich ein bisschen schmutziger, ein bisschen zerlumpter und verwirrter, ein bisschen andersartiger als die anderen. Im Park hatte ich mich mit dieser Befangenheit nicht zu plagen. Hier gab es eine Schwelle, eine Grenze, etwas, womit Innen und Außen zu unterscheiden waren. Während die Straße mich zwang, mich mit den Augen der anderen zu sehen, gab der Park mir Gelegenheit, in meine Innenwelt zurückzukehren, mich genau an das zu halten, was sich in meinem Innern abspielte. Es ist möglich, stellte ich fest, ohne ein Dach über dem Kopf zu überleben, aber ohne ein Gleichgewicht zwischen Innen und Außen kann man nicht leben. Der Park verhalf mir zu diesem Gleichgewicht. Er war vielleicht nicht gerade eine Heimat, aber mangels irgendeiner anderen Unterkunft doch etwas sehr Ähnliches.

Immer wieder stießen mir dort unerwartete Dinge zu, Dinge, die mir jetzt, wenn ich daran denke, fast unmöglich scheinen. Einmal zum Beispiel kam eine junge Frau mit hellroten Haaren auf mich zu und drückte mir einen Fünf-Dollar-Schein in die Hand – einfach so,

ohne jede Erklärung. Ein andermal luden mich ein paar
Leute ein, mich zu ihnen zum Picknick ins Gras zu set-
zen. Einige Tage darauf verbrachte ich den ganzen
Nachmittag als Mitspieler bei einem Softballmatch.
Wenn man meinen damaligen körperlichen Zustand in
Betracht zieht, gab ich eine recht ordentliche Vorstellung (zwei oder drei Läufe über ein Mal, ein gehechte-
ter Fang im linken Außenfeld), und immer wenn meine
Mannschaft am Schlagen war, boten mir die anderen
Spieler etwas zu essen, trinken und rauchen an: Sand-
wiches und Brezeln, Dosenbier, Zigarren, Zigaretten.
Das waren glückliche Momente für mich, die mir auch
über einige düstere Phasen hinweghalfen, in denen ich
mich vom Glück verlassen wähnte. Vielleicht war es
das, was ich mir eigentlich hatte beweisen wollen: dass
man, wenn man sein Leben in den Wind wirft, Dinge
entdeckt, von denen man vorher gar nichts wusste,
Dinge, die unter anderen Umständen gar nicht zu erfahren sind. Ich war halb tot vor Hunger, doch wenn mir
einmal etwas Gutes widerfuhr, schrieb ich es nicht dem
Zufall zu, sondern eher einem bestimmten Geisteszu-
stand. Wenn es mir gelang, ein vernünftiges Gleichgewicht zwischen Verlangen und Gleichgültigkeit zu bewahren, spürte ich, dass ich das Universum irgendwie
dazu bringen konnte, auf mich zu reagieren. Wie sonst
hätte ich die außerordentlichen Akte der Großmütig-
keit, die mir im Central Park widerfuhren, interpretie-
ren sollen? Ich habe niemals irgendwen um irgendwas
gebeten, ich habe mich nie von meinem Platz bewegt,
und doch sind ständig Fremde zu mir gekommen und
haben mir geholfen. Von mir muss so etwas wie eine be-
zwingende Kraft in die Welt ausstrahlen, dachte ich, ein
unbestimmbares Etwas, das die Leute dazu veranlasst.

Im Lauf der Zeit fand ich heraus, dass mir Gutes nur dann widerfuhr, wenn ich aufhörte, es mir zu wünschen. Wenn das stimmte, musste auch das Gegenteil stimmen: Etwas zu sehr wünschen hieß, sein Eintreten zu verhindern. Das war die logische Schlussfolgerung aus meiner Theorie, denn wenn ich mir bewiesen hatte, dass ich die Welt anlocken konnte, dann folgte daraus auch, dass ich sie abweisen konnte. Mit anderen Worten, man bekam das, was man haben wollte, nur dann, wenn man es nicht haben wollte. Das ergab zwar keinen Sinn, aber eben die Unverständlichkeit der Beweisführung empfand ich als reizvoll. Wenn meine Bedürfnisse nur dadurch zu befriedigen waren, dass ich nicht mehr an sie dachte, dann musste jedes Nachdenken über meine Lage diese selbst noch verschlimmern. Sobald ich mir diese Idee zu Eigen gemacht hatte, war mein Bewusstseinszustand nur noch mit einem unmöglichen Drahtseilakt zu vergleichen. Denn wie soll man nicht an seinen Hunger denken, wenn man ständig Hunger hat? Wie soll man seinen Magen zum Schweigen bringen, wenn er einen unablässig anfleht, dass er gefüllt werden möchte? Es ist so gut wie unmöglich, solche Bitten zu ignorieren. Immer wieder gab ich ihnen nach, und dann wusste ich sofort, dass ich mir selbst die Chance genommen hatte, mir helfen zu lassen. Diese Folge war unausweichlich, so starr und präzise wie eine mathematische Formel. Solange ich mir über meine Probleme Sorgen machte, wandte die Welt mir den Rücken zu. Damit blieb mir keine Wahl, als für mich selbst zu sorgen, zu schnorren, ganz allein das Beste daraus zu machen. So verging die Zeit. Ein Tag, zwei Tage, vielleicht auch drei oder vier, und nur ganz allmählich schlug ich mir jeden Gedanken an Rettung aus dem

Kopf, bis ich mich endlich aufgab. Erst dann kam es zu jenen wundersamen Ereignissen. Sie kamen jedes Mal wie ein Blitz aus heiterem Himmel. Ich konnte sie nicht vorhersagen, und waren sie einmal eingetreten, konnte ich mich unmöglich auf das Eintreten eines nächsten verlassen. Jedes Wunder war daher stets das letzte Wunder. Und da es das letzte war, wurde ich immer wieder an den Ausgangspunkt zurückgeworfen, musste ich den Kampf ständig aufs Neue beginnen. *(MM)*

Er ging noch einige Blocks weiter uptown, dann wandte er sich nach links, überquerte die Fifth Avenue und ging an der Mauer des Central Park entlang. Bei der 96th Street betrat er den Park und stellte fest, dass er froh über das Gras und die Bäume war. Der Spätsommer hatte das Grün schon sehr ausgelaugt, und da und dort blickte der Erdboden in braunen, staubigen Flecken durch. Aber die Bäume über ihm waren noch voller Laub, und überall war ein Funkeln von Licht und Schatten zu sehen, das Quinn übernatürlich und schön fand. Es war spät am Vormittag, und bis zur drückenden Hitze des Nachmittags sollten noch einige Stunden vergehen. Auf halbem Weg durch den Park überkam Quinn der Drang sich auszuruhen. Hier gab es keine Straßen, keine Häuserblocks, die die Stadien seiner Fortbewegung markierten, und plötzlich schien ihm, dass er schon Stunden unterwegs war. Er hatte das Gefühl, dass er noch ein oder zwei Tage mühsam wandern müsste, um die andere Seite des Parks zu erreichen. Einige Minuten ging er noch weiter, aber zuletzt wollten ihn seine Beine nicht mehr tragen. Eine Eiche stand in seiner Nähe, und Quinn ging auf sie zu, taumelnd wie ein Betrunkener, der nach einer durchzechten Nacht nach seinem Bett

tastet. Er streckte sich auf dem grasbedeckten Hügel auf der Nordseite des Baumes aus, schob sich sein rotes Notizbuch unter den Kopf und schlief ein. Es war der erste ununterbrochene Schlaf seit Monaten, und er wachte erst auf, als es wieder Morgen war. *(SG)*

Ihr Haus lag an der Circus Lane, mitten in einem Gewirr von kleinen Gassen und Trampelpfaden im ältesten Teil der Stadt, in dem ich erst ein- oder zweimal gewesen war. Für Plünderer war dieses Gebiet wenig ertragreich, und ich hatte immer Angst gehabt, mich in diesem Straßenlabyrinth zu verirren. Die meisten Häuser waren Holzbauten, was zahlreiche kuriose Auswirkungen nach sich zog. Die üblichen staubigen Schutthaufen aus verwitternden Ziegeln und zerbröckelnden Steinen fehlten hier; dafür standen die Häuser allesamt krumm und schief, schienen unter ihrem eigenen Gewicht einzusinken und sich langsam in den Boden zu verkriechen. Während die anderen Gebäude sich irgendwie in ihre Bestandteile auflösten, verkümmerten diese hier wie alte Menschen, die ihre Kraft verloren haben, wie Gichtkranke, die sich nicht mehr aufrecht halten können. Viele Dächer waren eingefallen, die Schindeln waren so morsch wie Schwämme, und hier und da sah man ganze Häuser sich in entgegengesetzte Richtungen neigen wie riesige, windschiefe Parallelogramme – dermaßen aus dem Leim gegangen, dass ein Fingerdruck, ein leises Anhauchen sie zum Einsturz gebracht haben würde.

Das Gebäude, in dem Isabel wohnte, war jedoch aus Ziegelsteinen erbaut. Es hatte sechs Stockwerke mit jeweils vier kleinen Wohnungen, ein dunkles Stiegenhaus mit ausgetretenen, wackligen Treppen, von dessen

Wänden die Farbe abblätterte. Ameisen und Kakerlaken streiften unbelästigt umher, und das ganze Haus stank nach vergammeltem Essen, ungewaschenen Kleidern und Staub. Aber das Gebäude selbst machte einen ziemlich stabilen Eindruck, und ich konnte mir zu meinem Glück nur gratulieren. Bedenke, wie schnell sich die Dinge für uns verändern. Hätte jemand mir vorher gesagt, dass ich hier einmal landen würde, würde ich es nicht geglaubt haben. Aber jetzt war ich so selig, als wäre mir ein großartiges Geschenk zuteil geworden. Elend und Luxus sind schließlich relative Begriffe. Kaum drei oder vier Monate nach meiner Ankunft in der Stadt war ich bereit, dieses neue Heim ohne das leiseste Schaudern zu akzeptieren. *(LD)*

Erst jetzt, als sein Leben in der Gasse weiter- und weiterging, begann er das wahre Wesen der Einsamkeit zu verstehen. Er konnte auf nichts anderes mehr zurückfallen als auf sich selbst. Und von allen Dingen, die er während der Tage dort entdeckte, war dies das eine, das er nicht anzweifelte: dass er fiel. Was er jedoch nicht verstand, war dies: Wie konnte man, da er doch fiel, von ihm erwarten, dass er sich ebenso auch wieder fing? War es möglich, zugleich oben und unten zu sein?

Viele Stunden verbrachte er damit, zum Himmel hinaufzusehen. In seiner Ecke hinten in der Gasse, eingeklemmt zwischen Mülltonne und Mauer, gab es wenig anderes zu sehen, und während die Tage vergingen, begann er an der Welt über ihm Gefallen zu finden. Er sah vor allem, dass der Himmel nie ruhig war. Auch an wolkenlosen Tagen, wenn das Blau vorherrschend zu sein schien, gab es ständig kleine Veränderungen, leichte Störungen, und der Himmel weitete sich und zog sich zusammen, und es tauchte die plötzliche Weiße von Flugzeugen, Vögeln und fliegenden Papierfetzen darin auf. Wolken machten das Bild komplizierter, und Quinn verbrachte viele Nachmittage damit, sie zu studieren, zu versuchen, ihre Art, ihr Wesen zu begreifen, zu sehen, ob er nicht voraussagen konnte, was mit ihnen geschehen werde. Er machte sich vertraut mit den Zirrus-, Kumulus-, Stratus- und Nimbostratuswolken und all ihren Kombinationen, wartete auf jede Form und sah, wie sich der Himmel unter ihrem Einfluss veränderte. Mit den Wolken kam auch die Farbe, und er hatte sich mit einer weiten Skala von Schwarz bis Weiß und einer Unendlichkeit grauer Zwischentöne zu beschäftigen. All das musste erforscht, gemessen und entziffert werden. Dazu kamen die Pastelltöne, die entstanden, sooft zu gewissen Tageszeiten die Sonnenstrahlen die Wolken trafen. Das Spektrum der Variablen war ungeheuer, und das Ergebnis hing jeweils von den Temperaturen der verschiedenen Schichten der Atmosphäre, dem Typus der am Himmel vorhandenen Wolken und dem Stand der Sonne in einem gegebenen Augenblick ab. Aus alldem ergaben sich das Rot und das Rosa, die Quinn so sehr liebte, der Purpur und der Zinnober, das Orange und der Lavendel, das Gold und die federförmigen Persimonen. Nichts dauerte lange. Die Farben zerflossen bald, vermischten sich mit anderen, zogen weiter oder verblassten, wenn die Nacht erschien. Beinahe immer wehte ein Wind, der diese Vorgänge beschleunigte. Dort, wo er in der Gasse saß, konnte Quinn ihn nur selten spüren, aber indem er seine Wirkung auf die Wolken beobachtete, vermochte er seine Stärke und die Art der Luft, die er bewegte, abzuschätzen. Nacheinander zogen alle Witterungserscheinungen über seinen Kopf

hin, vom Sonnenschein bis zum Sturm, von Düsterkeit
bis zu strahlender Helle. Morgen- und Abenddämme-
rungen gab es zu beobachten, die Verwandlungen des
Mittags, die frühen Abende, die Nächte. Selbst in seiner Schwärze ruhte der Himmel nicht. Wolken trieben
durch die Dunkelheit, der Mond hatte stets eine andere
Gestalt, der Wind hörte nicht auf zu wehen. Manchmal
zeigte sich sogar ein Stern in dem kleinen Fleckchen
Himmel, das Quinn gehörte, und während er hinaufsah,
fragte er sich, ob er noch da oben oder schon längst aus-
gebrannt war. *(SG)*

METAMORPHOSEN

Er war lange vor der Zeit in der Grand Central Station. Stillmans Zug sollte erst um achtzehn Uhr einundvierzig ankommen, aber Quinn wollte die Gegebenheiten des Ortes studieren und dafür sorgen, dass ihm Stillman nicht entwischen konnte. Als er aus der U-Bahn heraufkam und die große Halle betrat, sah er auf der Uhr, dass es gerade erst vier vorbei war. Der Bahnhof füllte sich allmählich schon mit der Menschenmenge der Stoßzeit. Quinn bahnte sich einen Weg gegen den Druck der hereinströmenden Körper, ging an den nummerierten Eingängen entlang und suchte nach verborgenen Treppen, nicht gekennzeichneten Ausgängen und dunklen Nischen. Er kam zu dem Schluss, dass sich ein Mann, der zu verschwinden entschlossen war, hier keine große Mühe zu geben brauchte.

Während er durch den Bahnhof ging, erinnerte er sich daran, wer er angeblich war. Er merkte allmählich, dass es keineswegs unangenehm war, Paul Auster zu sein. Obwohl er noch denselben Körper, denselben Verstand, dieselben Gedanken hatte wie sonst, war ihm zumute, als wäre er irgendwie aus sich selbst entfernt worden, als müsste er nicht mehr die Last seines eigenen Bewusstseins tragen. Durch einen einfachen Gedankentrick, eine geschickte kleine Namensänderung fühlte er sich unvergleichlich leichter und freier. Gleichzeitig wusste er, dass alles nur eine Illusion war. Aber darin lag ein gewisser Trost. Er hatte sich nicht wirklich verloren, er tat nur so, als ob, und er konnte wieder Quinn werden, wann immer er wollte. Die Tatsache, dass er als Paul Auster einen Zweck verfolgte – einen Zweck, der für ihn immer wichtiger wurde –, diente als eine Art moralischer Rechtfertigung für die Scharade und befreite ihn davon, seine Lüge verteidigen zu müssen. Denn sich als Auster vorzustellen, bedeutete nun in seinen Gedanken so viel wie Gutes auf der Welt tun.

Er ging also durch den Bahnhof, als befände er sich im Körper Paul Austers, und wartete auf das Erscheinen Stillmans. Er sah zu der gewölbten Decke der Halle hinauf und studierte das Fresko der Sternbilder. Glühbirnen stellten die Sterne dar und waren durch Strichzeichnungen zu den himmlischen Bildern verbunden. Quinn war nie imstande gewesen, den Zusammenhang zwischen den Sternbildern und ihren Namen zu begreifen. Als Junge hatte er viele Stunden unter dem Nachthimmel verbracht und versucht, die Haufen von hellen Nadelstichen mit den Formen von Wagen, Stier, Schütze und Wasserträger in Übereinstimmung zu bringen. Aber es war nie etwas dabei herausgekommen, und er hatte das Gefühl gehabt, dumm zu sein, so als gäbe es einen blinden Fleck mitten in seinem Hirn. Er fragte sich, ob es dem jungen Auster besser ergangen war als ihm.

Auf der anderen Seite, auf dem größeren Teil der Ostwand der Bahnhofshalle, war das Kodak-Schaufoto mit seinen brillanten, übernatürlichen Farben zu sehen. Es zeigte in diesem Monat eine Straße in einem Fischerdorf in Neuengland, vielleicht Nantucket. Ein warmes Frühlingslicht schien auf die Pflastersteine, Blumen in vielen Farben standen in den Kästen vor den Fenstern längs der Häuserfronten, und ganz unten am Ende der Straße war das Meer mit seinen weißen

Schaumkronen und dem tiefblauen Wasser. Quinn erinnerte sich, dass er Nantucket vor langer Zeit zusammen
mit seiner Frau besucht hatte, im ersten Monat ihrer
Schwangerschaft, als sein Sohn nicht mehr als eine winzige Mandel in ihrem Schoß war. Er empfand es als
schmerzhaft, jetzt daran zu denken, und er versuchte,
die Bilder zu unterdrücken, die sich in seinem Kopf
formten. «Sieh es mit Austers Augen», sagte er sich,
«und denke an nichts anderes.» *(SG)*

Ich fand dann die Wohnung an der West 112th Street,
wo ich am 14. Juni mit meinen Koffern einzog. Es war
eine Atelierwohnung im vierten Stock eines großen Gebäudes mit Aufzug: ein mittelgroßer Raum mit Koch-
nische in der Südostecke, einem Wandschrank, einem
Badezimmer und zwei Fenstern mit Blick auf die Gasse.
Auf dem Sims gurrten Tauben und schlugen mit den
Flügeln, unten auf der Straße standen sechs verbeulte
Mülltonnen. Drinnen herrschten Grautöne vor und ver-
breiteten eine stets trübe Stimmung, die auch an den
sonnigsten Tagen allenfalls dürftig aufhellte. Anfangs
gab es mir manchen Stich, jagte mir manch ängstliche
Beklemmung ein, so ganz allein zu leben, aber dann
machte ich eine eigenartige Entdeckung, die mir half,
mich mit der Wohnung anzufreunden und mich darin
einzuleben. In der zweiten oder dritten Nacht stand
ich einmal ganz zufällig zwischen den beiden Fenstern,
ein wenig schräg dem linken zugewandt. Ich ließ meinen Blick leichthin in diese Richtung wandern, und
plötzlich bemerkte ich zwischen den zwei Gebäuden
im Hintergrund einen schmalen Durchlass. Ich sah auf
den Broadway, einen sehr kleinen, stark verkürzten Teil
des Broadway, und das Bemerkenswerte daran war, dass

die gesamte Aussicht, die ich darauf hatte, von einem Neonlicht, einer leuchtenden Fackel aus rosa und blauen Buchstaben ausgefüllt wurde, die das Wort MOON PALACE bildeten. Ich erkannte darin die Reklame des chinesischen Restaurants am Ende des Blocks, aber die Gewalt, mit der dieses Wort mich bestürmte, verdrängte jegliche Verbindung oder Beziehung zur Realität. Es waren magische Buchstaben, die dort im Dunkel hingen wie eine Botschaft des Himmels. MOON PALACE. In diesem ersten irrationalen Augenblick verloren meine Ängste ihre Macht über mich. Etwas derart Plötzliches und Absolutes hatte ich noch nie erlebt. Ein kahler und schmuddeliger Raum hatte sich in eine Stätte der Innerlichkeit verwandelt, in einen Kreuzungspunkt seltsamer Vorzeichen und rätselhafter Zufälligkeiten. Noch lange starrte ich die Leuchtreklame des Moon Palace an, und allmählich begriff ich, dass ich am rechten Ort gelandet war, dass ich in genau dieser kleinen Wohnung leben wollte. *(MM)*

Heiligabend 1979. Er ist in New York, allein in seinem kleinen Zimmer in der Varick Street 6. Wie viele Gebäude in dieser Gegend ist auch dieses früher ausschließlich ein Ort der Arbeit gewesen. Überbleibsel dieser früheren Bestimmung sind überall zu sehen: Geheimnisvolle Rohrleitungsnetze, verrußte Blechdecken, zischende Dampfheizungen. Wann immer sein Blick auf das Milchglas der Eingangstür fällt, liest er in Spiegelschrift die ungeschickt mit einer Schablone aufgemalten Buchstaben: R. M. Pooley. Konzessionierter Elektriker. Leute hatten hier nicht wohnen sollen. Dieser Raum war gedacht für Maschinen, Spucknäpfe und Schweiß.

Er kann das nicht sein Zuhause nennen, aber mehr hat er in den letzten neun Monaten nicht gehabt. Ein paar dutzend Bücher, eine Matratze auf dem Boden, ein Tisch, drei Stühle, eine Kochplatte und eine rostige Spüle mit einem Kaltwasserhahn. Die Toilette befindet sich am Ende des Flurs, aber er benutzt sie nur zum Scheißen. Pissen tut er in die Spüle. Seit drei Tagen ist der Aufzug außer Betrieb, und da er im obersten Stockwerk wohnt, widerstrebt es ihm seitdem, nach draußen zu gehen. Nicht so sehr, weil er den zehn Treppenabsätze hohen Aufstieg fürchtet, sondern weil er es entmutigend findet, sich dermaßen zu verausgaben, nur um in diese Trostlosigkeit zurückzukehren. Wenn er längere Zeit in diesem Zimmer bleibt, gelingt es ihm meist, es mit seinen Gedanken auszufüllen, und dies wiederum scheint die Eintönigkeit zu vertreiben oder bewirkt zumindest, dass sie ihm nicht mehr bewusst ist. Jedes Mal wenn er ausgeht, nimmt er seine Gedanken mit, und während seiner Abwesenheit entleert sich das Zimmer allmählich seiner Bemühungen, es bewohnbar zu machen. Wenn er zurückkommt, muss er das Ganze wieder von vorne beginnen, und das erfordert Arbeit, echte geistige Arbeit. Aufgrund seines körperlichen Zustands nach dem Aufstieg (die Brust geht wie ein Blasebalg, die Beine sind steif und schwer wie Baumstämme) braucht es umso länger, bis er mit diesem inneren Kampf anfangen kann. In der Zwischenzeit, in dem Vakuum zwischen dem Augenblick, da er die Tür öffnet, und dem Augenblick, da er die Leere von neuem zu erobern beginnt, schlagen seine Gedanken in wortloser Panik um sich. Es ist, als wäre er gezwungen, sein eigenes Verschwinden zu beobachten, als dränge er mit dem Überschreiten der

Schwelle in eine andere Dimension vor und bezöge seinen Wohnsitz im Innern eines Schwarzen Lochs. *(EE)*

Zum ersten Mal seit vielen Wochen ging er eine längere Strecke. Es war seltsam, wieder auf den Beinen zu sein, sich stetig von einem Ort zum anderen zu bewegen, die Arme zu schwingen, das Pflaster unter den Schuhsohlen zu spüren. Und doch ging er die 69th Street entlang nach Westen, bog in der Madison Avenue nach rechts ab und setzte seinen Weg nach Norden fort. Seine Beine waren schwach, und er hatte ein Gefühl, als wäre sein Kopf aus Luft. Immer wieder musste er stehen bleiben, um Atem zu schöpfen, und einmal musste er sich, dem Zusammenbrechen nahe, an einem Laternenpfahl festhalten. Er entdeckte, dass er leichter vorankam, wenn er die Füße so wenig wie möglich hob und mit langsamen, gleitenden Schritten dahinschlurfte. Auf diese Weise konnte er Kräfte sparen für die Straßenecken, wo er vor und nach jedem Schritt vom Rand des Gehsteigs hinunter und dann wieder auf den Gehsteig hinauf sorgfältig auf sein Gleichgewicht achten musste.

In der 84th Street blieb er kurz vor einem Laden stehen. An der Fassade war ein Spiegel angebracht, und zum ersten Mal seit dem Beginn seiner Wache sah sich Quinn. Nicht dass er Angst davor gehabt hätte, seinem eigenen Bild gegenüberzutreten. Er hatte einfach nicht daran gedacht. Er war zu sehr mit seiner Aufgabe beschäftigt gewesen, um an sich selbst zu denken, und die Frage seines Aussehens hatte gewissermaßen aufgehört zu existieren. Als er sich nun im Spiegel des Ladens sah, war er weder schockiert noch enttäuscht. Er fühlte gar nichts, denn in Wirklichkeit erkannte er sich in der Person, die er sah, nicht wieder. Er glaubte, einen Fremden im Spiegel zu erblicken, und in diesem ersten Augenblick drehte er sich rasch um. Er wollte sehen, wer der Fremde war, aber es befand sich niemand in seiner Nähe. Er wandte sich wieder dem Spiegel zu, um das Bild genauer zu prüfen. Zug um Zug studierte er das Gesicht, das er vor sich sah, und allmählich bemerkte er, dass diese Person eine gewisse Ähnlichkeit mit dem Mann aufwies, den er immer für sich selbst gehalten hatte. Ja, es war mehr als wahrscheinlich, dass dies Quinn war. Aber auch jetzt war er noch nicht bestürzt. Die Verwandlung seines Aussehens war so drastisch, dass er unwillkürlich fasziniert war. Er war zu einem Penner geworden. Seine Kleidung war verschossen, zerknittert, vor Schmutz verkommen. Sein Gesicht war von einem dichten schwarzen Bart mit kleinen grauen Flecken bedeckt. Sein Haar war lang und verfilzt, hinter den Ohren zu kleinen Büscheln verflochten, und es hing ihm in Locken beinahe bis auf die Schultern hinunter. Er fühlte sich an Robinson Crusoe erinnert und wunderte sich darüber, wie schnell diese Veränderungen eingetreten waren. Es hatte nicht mehr als einige Monate gedauert, und in dieser Zeit war er ein anderer Mensch geworden. Er versuchte, sich an den zu erinnern, der er zuvor gewesen war, aber es fiel ihm schwer. Er sah diesen neuen Quinn an und zuckte die Schultern. Es war nicht wirklich von Bedeutung. Er war früher das eine gewesen, und nun war er etwas anderes. Das war weder besser noch schlechter. Es war anders, weiter nichts. *(SG)*

Maria kam nach New York zurück und zog in das Loft an der Duane Street, einen großen leeren Raum über einem Großhandelsgeschäft für Eier und Butter. In den ersten Monaten kam sie sich einsam und verloren vor. Sie hatte keine Freunde, in ihrem Leben tat sich kaum etwas, und die Stadt schien ihr bedrohlich und unvertraut, als wäre sie noch nie dort gewesen. Warum, war ihr nicht bewusst, aber eines Tages begann sie auf der Straße Fremden nachzugehen; sie ging morgens aus dem Haus, suchte sich willkürlich jemanden aus und ließ sich von dieser Wahl für den Rest des Tages leiten. Es war eine Methode, auf andere Gedanken zu kommen, die Leere auszufüllen, von der sie sich verschlungen fühlte. In der Folge nahm sie ihre Kamera mit und fotografierte die Leute, denen sie nachging. Wenn sie abends nach Hause kam, schrieb sie auf, wo sie gewesen war und was sie getan hatte, und anhand der Wege, die die Fremden eingeschlagen hatten, spekulierte sie über deren Leben und verfasste gelegentlich auch kurze imaginäre Biographien. Und so ungefähr ist Maria in ihre Künstlerkarriere gestolpert. Es folgten andere Werke, die alle von demselben Forschergeist, von derselben Leidenschaft für das Riskante beseelt waren. Ihr Thema war das Auge, das Drama des Beobachtens und Beobachtetwerdens, und in ihren Arbeiten zeigten sich die gleichen Eigenschaften wie in ihr selbst: akribische Aufmerksamkeit für das Detail, Vertrauen auf zufällige Strukturen und eine ans Unerträgliche grenzende Geduld. Für eine ihrer Arbeiten heuerte sie einen Privatdetektiv an, der sie durch die Stadt verfolgen sollte. Über mehrere Tage hinweg fotografierte dieser Mann sie auf ihren Runden und zeichnete ihre Bewegungen in einem kleinen Notizbuch auf, ohne irgendetwas auszulassen, nicht einmal die banalsten und flüchtigsten Begebenheiten: Straße überqueren, Zeitung kaufen, irgendwo eine Tasse Kaffee trinken. Das Ganze war absolut künstlich, aber Maria fand es erregend, dass jemand so aktives Interesse an ihr zeigte. Mikroskopische Handlungen nahmen große Bedeutung an, die nüchternsten Alltäglichkeiten wurden zu ungewohnt emotionsgeladenen Ereignissen. Nach einigen Stunden hatte sie den Detektiv so ins Herz geschlossen, dass sie beinahe vergaß, dass er in ihrem Sold arbeitete. Als er ihr am Ende der Woche seinen Bericht übergab und sie die Fotos von sich selbst studierte und die erschöpfende Chronologie ihrer Bewegungen las, kam es ihr vor, als sei sie eine Fremde geworden, als habe sie sich in eine Phantasiegestalt verwandelt. *(L)*

Meine Stimmungen schwankten gefährlich von einem Extrem ins andere, stießen mich so oft zwischen Freude und Verzweiflung hin und her, dass ich am Ende ganz kopflos wurde. Nahezu alles konnte den Umschwung auslösen: eine plötzliche Konfrontation mit der Vergangenheit, das zufällige Lächeln eines Fremden, das Licht auf dem Bürgersteig zu irgendeiner Stunde. *(MM)*

Ein Hydrant, ein Taxi, ein Dampfstrahl, der aus dem Bürgersteig strömte – all das war mir zutiefst vertraut, ich glaubte es in- und auswendig zu kennen. Aber damit ließ ich die Veränderlichkeit dieser Dinge außer Betracht, die Art und Weise, wie sie sich je nach Stärke und Einfallswinkel des Lichts veränderten, wie ihr Anblick sich wandeln konnte durch das, was um sie herum geschah: einen vorbeigehenden Passanten, einen plötzlichen Windstoß, eine seltsame Reflexion. Alles war ständig in Fluss, und wenn sich auch zwei Backsteine in

einer Mauer sehr ähnlich sehen mochten, so konnten sie doch nie als identisch aufgefasst werden. Noch genauer gesagt: Derselbe Backstein war eigentlich nie derselbe. Er verschliss, zerfiel unmerklich unter den Einwirkungen von Atmosphäre, Kälte und Hitze, von Stürmen, die ihn attackierten, und am Ende, wenn man ihn über die Jahrhunderte betrachten könnte, wäre er einmal nicht mehr da. *(MM)*

Chinatown war für mich wie Ausland, und jedes Mal wenn ich dort durch die Straßen ging, überwältigte mich ein Gefühl von Fremdheit und Verlegenheit. Das war Amerika, aber ich verstand weder die Sprache der Leute noch den Sinn der Dinge, die ich sah. Selbst nachdem ich einige der Ladenbesitzer in der Nachbarschaft näher kennen gelernt hatte, ging unsere Kommunikation kaum über ein höfliches Lächeln und wilde Gesten hinaus, eine Zeichensprache ohne jeden realen Inhalt. Ich gelangte einfach nicht hinter die stummen Oberflächen der Dinge, und dieses Ausgeschlossensein vermittelte mir manchmal das Gefühl, in einer Traumwelt zu leben, mich inmitten von Gespenstern zu bewegen, die allesamt Masken vor den Gesichtern trugen. Wider Erwarten machte mir dieses Außenseiterdasein aber nichts aus. Es war eine seltsam belebende Erfahrung, und je länger ich dort lebte, desto neuartiger schien mir all das, was mir dort begegnete. Ich hatte nicht das Gefühl, in einen anderen Stadtteil umgezogen zu sein. Ich war vielmehr um die halbe Welt gereist, um dort hinzukommen, wo ich jetzt war, und da war es nur logisch, dass mir nichts mehr, nicht einmal ich selbst, vertraut vorkam. *(MM)*

Ich ließ meine Gedanken mehrere Wochen lang schweifen und suchte nach einem Anfang. Jedes Leben ist unerklärlich, sagte ich mir immer wieder. Gleich, wie viele Fakten wiedergegeben, gleich, wie viele Einzelheiten angeführt werden, das Wesentliche widersetzt sich dem Erzählen. Dass Soundso hier geboren wurde und dorthin ging, dass er dies und das tat, dass er diese Frau heiratete und diese Kinder hatte, dass er lebte, dass er starb, dass er diese Bücher oder diese Schlacht oder jene Brücke hinterließ – das alles sagt uns nicht sehr viel. Wir alle wollen, dass man uns Geschichten erzählt, und wir hören sie so, wie wir sie hörten, als wir Kinder waren. Wir stellen uns die wahre Geschichte vor, und dazu setzen wir uns selbst an die Stelle der Person in der Geschichte und geben vor, sie zu verstehen, weil wir uns selbst verstehen. Das ist eine Täuschung. Wir existieren vielleicht für uns selbst, und bisweilen haben wir sogar eine Ahnung davon, wer wir sind, aber zuletzt können wir nie sicher sein, und während unser Leben weitergeht, werden wir für uns selbst immer undurchsichtiger, werden wir uns unserer eigenen Zusammenhanglosigkeit immer mehr bewusst. Niemand kann die Grenze zu einem anderen überschreiten – aus dem einfachen Grunde, weil niemand Zugang zu sich selbst gewinnen kann.

Ich dachte an eine Geschichte zurück, die ich vor acht Jahren erlebt hatte, im Juni 1970. Da ich kein Geld hatte und für den Sommer auch keines zu erwarten, nahm ich eine vorübergehende Arbeit als Volkszähler in Harlem an. Wir waren eine Gruppe von etwa zwanzig Personen, ein Kommandokorps von Interviewern, das eingesetzt wurde, um die Leute zu erfassen, die die mit der Post zugestellten Fragebogen nicht beantwortet hatten. Wir wurden in einem staubigen Speicher im ersten Stock gegenüber dem Apollo Theatre mehrere Tage lang geschult, und sobald wir die kniffligen Formulare verstanden hatten und die Grundregeln des Umgangs als Volkszähler beherrschten, wurden wir mit unseren rot-weiß-blauen Taschen in das Viertel geschickt, um an Türen zu klopfen, Fragen zu stellen und mit den Fakten zurückzukehren. Der erste Ort, den ich aufsuchte, war ein Wettbüro. Die Tür ging einen Spaltbreit auf, ein Kopf erschien, dahinter sah ich ein Dutzend Männer in einem kahlen Raum an langen Tischen schreiben, und man sagte mir höflich, dass man nicht interessiert sei. Das schien den Ton für alles Weitere anzugeben. In einer Wohnung sprach ich mit einer fast blinden Frau, deren Eltern noch Sklaven gewesen waren. Als das Interview schon zwanzig Minuten gedauert hatte, dämmerte ihr, dass ich kein Schwarzer war, und sie begann gackernd zu lachen. Sie habe es schon die ganze Zeit vermutet, sagte sie, weil meine Stimme so komisch klinge, aber sie habe es nicht glauben können. Ich sei der erste Weiße, der je ihr Haus betreten habe. In einer anderen Wohnung stieß ich auf einen Haushalt mit elf Personen, keine älter als zweiundzwanzig. Aber meistens war niemand da. Und wenn die Leute zu Hause waren, wollten sie nicht mit mir sprechen oder mich eintreten lassen. Der Sommer kam, und die Straßen wurden heiß und feucht, so unerträglich, wie sie nur in New York sein können. Ich begann meine Runde schon früh, stolperte von Haus zu Haus und fühlte mich immer mehr wie ein Mann vom Mond. Schließlich wandte ich mich an unseren Leiter (einen schnell sprechenden Schwarzen, der breite Seidenkrawatten und einen Saphirring trug) und erklärte ihm

mein Problem. Da erfuhr ich, was eigentlich von mir erwartet wurde. Dieser Mann bekam einen bestimmten
Betrag für jedes Formular, das ein Mitglied seiner
Mannschaft abgab. Je besser unser Ergebnis war, desto
mehr Geld floss in seine Tasche. «Ich werde Ihnen
nicht sagen, was Sie tun sollen», sagte er, «aber mir
scheint, wenn Sie es ehrlich versucht haben, brauchen
Sie sich nicht so schlecht zu fühlen.»

«Soll ich einfach aufgeben?», fragte ich.

«Andererseits», fuhr er philosophierend fort, «will
die Regierung ausgefüllte Formulare haben. Je mehr
Formulare sie bekommt, desto zufriedener ist sie. Ich
weiß, Sie sind ein intelligenter Junge, und ich weiß, Sie
kriegen nicht fünf heraus, wenn Sie zwei und zwei zu-
sammenzählen. Dass eine Tür nicht aufgeht, wenn Sie
daran klopfen, bedeutet ja nicht, dass niemand da ist.
Sie müssen Ihre Phantasie gebrauchen, mein Freund.
Schließlich wollen wir doch nicht, dass die Regierung
unglücklich ist, oder?»

Danach wurde die Arbeit beträchtlich leichter, aber
sie war nicht mehr dieselbe. Meine Feldarbeit verwan-
delte sich in Schreibtischarbeit, und statt eines Inter-
viewers war ich nun ein Erfinder. Alle ein oder zwei
Tage ging ich ins Büro, um mir einen neuen Stoß Formulare zu holen und die fertigen abzuliefern, aber sonst
brauchte ich meine Wohnung nicht zu verlassen. Ich
weiß nicht, wie viele Menschen ich erfand – aber es
müssen Hunderte, vielleicht Tausende gewesen sein.
(VT)

BABEL

Dark wandte sich der Geschichte von Babel zu und verkündete seine Vision der kommenden Dinge. Er zitierte den zweiten Vers, Genesis II – «Da sie nun zogen gen Morgen, fanden sie ein ebenes Land im Lande Sinear und wohnten daselbst» –, und stellte fest, dass dieser Abschnitt die Bewegung des menschlichen Lebens und der Kultur nach Westen bewies. Denn die Stadt Babel – oder Babylon – lag in Mesopotamien, weit östlich des Landes der Hebräer. Wenn Babel östlich von allem lag, war es Eden, der Ursprungsort der Menschheit. Die Zerstreuung des Menschen über die ganze Erde, wie es seine Pflicht ist – laut Gottes Gebot: «Seid fruchtbar … und erfüllet die Erde» –, würde unvermeidlich in westlicher Richtung vonstatten gehen. Und was für ein Land in der ganzen Christenheit, fragte Dark, lag weiter im Westen als Amerika? Die Reise englischer Siedler in die Neue Welt konnte daher als die Erfüllung des alten Gebotes gesehen werden. Amerika war der letzte Schritt in dem Prozess. Sobald der Kontinent erfüllt war, wäre die Zeit reif für einen Wandel im Geschick der Menschheit. Der Hinderungsgrund für den Bau von Babel – dass der Mensch die Erde erfüllen muss – würde entfallen. In diesem Augenblick würde es wieder für die ganze Erde möglich sein, einerlei Zunge und Sprache zu haben. Und wenn das geschah, konnte das Paradies nicht mehr fern sein.

Wie Babel 340 Jahre nach der Sintflut erbaut worden war, so würde – sagte Dark voraus – genau 340 Jahre

nach der Ankunft der ‹Mayflower› in Plymouth das Gebot erfüllt werden. Denn gewiss waren es die Puritaner,
Gottes neues auserwähltes Volk, die das Los der
Menschheit in ihren Händen hielten. Nicht die Hebräer, die Gott verrieten, da sie sich weigerten, seinen
Sohn anzunehmen, sondern diese verpflanzten Englän-
der würden das Schlusskapitel der Geschichte schreiben, bevor Himmel und Erde endlich eins wurden. Wie
Noah in seiner Arche waren sie über die weite Meeres-
flut gefahren, um ihre heilige Mission zu erfüllen.

340 Jahre bedeuteten nach Darks Berechnung, dass
1960 der erste Teil des Werkes der Siedler getan sein
würde. Zu diesem Zeitpunkt wären die Grundlagen für
das eigentliche Werk geschaffen, das noch folgen sollte:
der Bau des neuen Babel. Im Jahre 1960, bemerkte er
zuversichtlich, würde das neue Babel beginnen, empor-
zuwachsen und in seiner Gestalt dem Himmel entge-
genzustreben als Symbol der Wiederauferstehung des
menschlichen Geistes. Die Geschichte würde dann
rückläufig geschrieben werden. Was gefallen war, würde
wieder aufgerichtet, was zerbrochen war, würde wieder
ganz werden. Sobald er einmal vollendet wäre, würde
der Turm groß genug sein, um alle Bewohner der
Neuen Welt aufzunehmen. Es würde einen Raum für
jeden Menschen geben, und sobald er ihn betrat, würde
er alles vergessen, was er jemals wusste. Nach vierzig
Tagen und vierzig Nächten würde ein neuer Mensch
hervortreten, der Gottes Sprache redete und bereit war,
das zweite, immer währende Paradies zu bewohnen.
(SG)

Ich bin nach New York gekommen, weil es der ver-
lorenste, der elendste aller Orte ist. Die Zerbrochenheit

ist allgegenwärtig, die Unordnung universal. Sie brauchen nur die Augen zu öffnen, um es zu sehen. Die zerbrochenen Menschen, die zerbrochenen Dinge, die zerbrochenen Gedanken. Die ganze Stadt ist ein Schrotthaufen. *(SG)*

Wenn du durch die Straßen läufst, fuhr sie fort, musst du jeden einzelnen Schritt sorgfältig bedenken. Du musst ständig die Augen offen halten, nach unten, nach vorne und nach hinten sehen, stets auf der Hut vor anderen Leuten und auf das Unvorhersehbare gefasst. Ein Zusammenstoß kann tödlich enden. Zwei prallen zusammen und schlagen gleich mit Fäusten aufeinander ein. Oder sie stürzen zu Boden und versuchen gar nicht mehr aufzustehen. Früher oder später kommt der Augenblick, da man nicht mehr aufzustehen versucht. Der Körper ist nun einmal schmerzempfindlich, dagegen hilft nichts. Und hier ist er es mehr als irgendwo sonst. *(LD)*

In meinem Kopf verschwimmt das immer mehr: was geschah und was nicht, der erste Anblick der Straßen, die Tage, die Nächte, der Himmel über mir, die Steinhalden darunter. Ich glaube mich zu erinnern, viel nach oben geblickt zu haben, als hätte ich den Himmel nach etwas Fehlendem abgesucht, nach etwas Überschüssigem, nach etwas, das ihn von anderen Himmeln unterschied, als hätte der Himmel eine Erklärung für das bieten können, was ich rings um mich sah. Womöglich vertue ich mich da aber. Vielleicht übertrage ich die Beobachtungen einer späteren Zeit auf diese ersten Tage. Obwohl ich bezweifle, dass das viel zu sagen hat, am allerwenigsten jetzt.

Nach eingehender Betrachtung kann ich unbesorgt versichern, dass der hiesige Himmel derselbe ist wie der über dir. Wir haben dieselben Wolken und dieselben heiteren Perioden, dieselben Stürme und dieselbe Windstille, dieselben Böen, die alles mit sich fortwehen. Wenn die Wirkungen hier ein wenig anders sind, liegt das zweifellos an dem, was sich darunter abspielt. Die Nächte zum Beispiel sind nie ganz so wie die zu Hause. Zwar gibt es dieselbe Dunkelheit und Unermesslichkeit, doch ohne jedes Gefühl der Stille, nur einen fortwährenden Sog, ein Murmeln, das einen ununterbrochen niederzieht und vorwärts treibt. Und tagsüber herrscht eine Helligkeit, die manchmal unerträglich ist – ein greller Glanz, der einen benommen macht und alles auszubleichen scheint, der all die zerklüfteten Oberflächen ergleißen und die Luft schier flimmern lässt. Das Licht ist so geartet, dass die Farben sich immer stärker verschieben, je mehr man sich ihnen nähert. Selbst die Schatten sind in heftiger Bewegung und vibrieren hektisch an den Rändern. Bei diesem Licht muss man aufpassen, dass man die Augen nicht zu weit aufmacht, darf man gerade nur so viel blinzeln, dass man nicht aus dem Gleichgewicht gerät. Denn sonst stolpert man, und die Gefahren eines Sturzes brauche ich nicht aufzuzählen. Manchmal denke ich, wenn es die Dunkelheit nicht gäbe und die seltsamen Nächte, die sich über uns senken, würde der Himmel ausbrennen. Die Tage enden zwangsläufig genau dann, wenn die Sonne die von ihr beschienenen Dinge ausgelaugt zu haben scheint. Nichts wäre der Helligkeit mehr gewachsen. Die ganze unglaubhafte Welt schmölze weg, und damit hätte es sich.

Die Stadt scheint sich langsam und stetig selbst zu

verzehren, obwohl sie fortbesteht. Wie soll ich das er-
klären? Ich kann es nur berichten, nicht aber so tun, als
verstünde ich es. Täglich hört man auf den Straßen Explosionen, als krachte irgendwo weit weg ein Gebäude
zusammen oder der Bürgersteig bräche ein. Aber man
sieht nie etwas davon. Sooft man solche Geräusch auch
hören mag, ihre Quelle bleibt immer unsichtbar. Man
sollte doch meinen, dass man ab und zu Zeuge einer
solchen Explosion werden müsste. Aber die Tatsachen
sprechen aller Wahrscheinlichkeit Hohn. Glaube bloß
nicht, dass ich das erfinde – diese Geräusche ertönen
nicht in meinem Kopf. Die anderen hören sie auch, obwohl sie nicht sonderlich darauf achten. Manchmal halten sie inne, um eine Bemerkung darüber zu machen,
aber ohne je beunruhigt zu wirken. Heute ist es etwas
besser, sagen sie dann etwa. Oder, heute Nachmittag
klingt es aber ziemlich aggressiv. Anfangs habe ich wegen dieser Explosionen viele Fragen gestellt, doch nie
eine Antwort erhalten. Höchstens einen stummen Blick
oder ein Achselzucken. Schließlich sah ich ein, dass
man nach manchen Dingen einfach nicht fragt, dass es
selbst hier Themen gibt, über die niemand zu sprechen
bereit ist. *(LD)*

Es waren freilich schwere Zeiten für jedermann. In meiner Erinnerung bilden sie ein Chaos aus Politik und
Aufmärschen, Empörung, Megaphonen und Gewalt. Im
Frühjahr 1968 schien jeder Tag einen neuen Umsturz
hervorzuwürgen. Wenn nicht in Prag, dann in Berlin;
wenn nicht in Paris, dann in New York. In Vietnam
waren eine halbe Million Soldaten. Der Präsident ver-
zichtete auf eine zweite Kandidatur. Leute wurden ermordet. Nach jahrelangen Kämpfen war der Krieg so

wichtig geworden, dass nun auch die banalsten Gedanken davon infiziert waren, und ich wusste, dass ich, egal
was ich tat oder nicht tat, ebenso daran teilhatte wie
jeder andere. Als ich eines Abends auf einer Bank im
Riverside Park saß und auf das Wasser hinausschaute,
sah ich am anderen Ufer einen Öltank explodieren.
Plötzlich stand der Himmel in Flammen, und als ich
brennende Trümmerstücke über den Hudson treiben
und zu meinen Füßen landen sah, kam mir der Gedanke, dass man der Wahrheit schwere Gewalt antun
müsste, wollte man Inneres und Äußeres voneinander
trennen. Im selben Monat noch wurde der Columbia-
Campus zu einem Schlachtfeld, Hunderte von Studen-
ten wurden verhaftet, darunter Tagträumer wie ich
selbst. *(MM)*

Zum ersten Mal war ich in der Nationalbibliothek. Es
war ein großartiges Gebäude, mit den Porträts von Gou-
verneuren und Generalen an den Wänden, italienisch
anmutenden Säulenreihen und schönen Marmorintar-
sien – eines der Wahrzeichen der Stadt. Wie alles andere
hatte jedoch auch dies seine besten Tage hinter sich.
Eine Decke im ersten Stock war eingesunken, Säulen
waren umgestürzt und geborsten, überall lagen Bücher
und Zeitungen verstreut. Gegenüber den Regalen mit
dem Zettelkatalog stieß ich auf eine grüne Ledertür,
die zu einer ummauerten Treppe führte. Ich folgte dieser Treppe ins nächste Stockwerk hinauf und gelangte
in einen langen, niedrigen Korridor mit zahlreichen
Türen auf beiden Seiten. Niemand sonst war in dem
Flur, und da hinter den Türen hervor keinerlei Geräusche zu mir drangen, hielt ich die Zimmer für leer. Ich
versuchte die erste Tür zu meiner Rechten zu öffnen,

aber sie war verschlossen. Ebenso die zweite Tür. Die
dritte dann ging wider Erwarten auf. Drinnen saßen um
einen hölzernen Tisch fünf oder sechs Männer, die leb-
haft und erregt über irgendetwas diskutierten. Der
Raum war kahl und ohne Fenster, gelbliche Farbe blätterte von den Wänden, und Wasser tropfte von der
Decke. Die Männer trugen Bärte, schwarze Kleidung
und Hüte. Ihr plötzlicher Anblick erschreckte mich so,
dass ich leise aufstöhnte und die Tür wieder schließen
wollte. Aber der Älteste am Tisch wandte sich um und
schenkte mir ein wunderbares Lächeln, ein Lächeln so
voller Wärme und Güte, dass ich zögerte.

«Können wir irgendetwas für Sie tun?», fragte er.

Er sprach mit starkem Akzent (ohne Diphthonge,
und das s klang eher wie sch), aber ich hätte nicht sagen
können, aus welchem Land er stammte. Kennen wir ir-
gen etwasch fir Sie tun. Dann sah ich ihm in die Augen,
und ein Funke des Erkennens durchzuckte mich.

«Ich dachte, die Juden wären alle tot», flüsterte ich.

«Ein paar von uns sind noch übrig», sagte er und
lächelte mich wieder an. «Uns wird man nicht so leicht
los.» *(LD)*

Quinn war tief enttäuscht. Er hatte sich immer vor-
gestellt, der Schlüssel zu guter Detektivarbeit sei die
genaue Beobachtung der Details. Je gründlicher die
Untersuchung, desto größer der Erfolg. Voraussetzung
war, dass menschliches Verhalten verstanden werden
konnte, dass sich hinter der endlosen Fassade von Gesten, Tics und Schweigen schließlich ein Zusammenhang, eine Ordnung, eine Motivation verbarg. Aber
nachdem er sich bemüht hatte, all diese Oberflächener-
scheinungen zu erfassen, fühlte sich Quinn Stillman

nicht näher als an dem Tag, an dem er begonnen hatte, ihn zu verfolgen. Er hatte Stillmans Leben gelebt, war in seinem Tempo gegangen, hatte gesehen, was er gesehen hatte, und das Einzige, was er nun spürte, war die Undurchdringlichkeit des Mannes. Anstatt den Abstand zwischen ihm und Stillman zu verringern, hatte er zugesehen, wie ihm der alte Mann immer mehr entglitt, während er ihn vor Augen hatte.

Aus keinem anderen Grund, der ihm bewusst war, schlug Quinn eine leere Seite des roten Notizbuchs auf und skizzierte eine kleine Karte des Gebietes, in dem Stillman umhergegangen war.

Dann begann er, während er sorgfältig seine Aufzeichnungen prüfte, mit seinem Kugelschreiber den Weg nachzuzeichnen, den Stillman an einem einzigen Tag – am ersten Tag, an dem er die Wanderung des alten Mannes notiert hatte – gegangen war.

Quinn fiel auf, dass sich Stillman immer an den Rand dieses Gebietes gehalten und sich nicht ein einziges Mal in Richtung der Mitte bewegt hatte. Die Zeichnung sah ein wenig wie die Karte eines imaginären Staates im Mittelwesten aus. Abgesehen von den elf Häuserblocks längs des Broadway am Anfang und der Reihe von Schnörkeln, die Stillmans Mäander durch den Riverside Park darstellten, glich das Bild auch einem Rechteck. Andererseits konnte es mit Rücksicht auf die rechteckige Anlage der Straßen New Yorks auch als eine Null oder als der Buchstabe «O» gedeutet werden.

Quinn ging weiter zum nächsten Tag, um zu sehen, was geschah. Das Ergebnis sah keineswegs gleich aus.

Das Bild erinnerte Quinn an einen Vogel, vielleicht einen Raubvogel mit ausgebreiteten Schwingen, der hoch oben in der Luft schwebte. Einen Augenblick später erschien ihm diese Deutung zu weit hergeholt. Der Vogel verschwand, und an seiner Stelle blieben nur zwei abstrakte Formen übrig, verbunden durch einen kleinen Steg, den Stillman gebildet hatte, indem er in der 83rd Street nach Westen gegangen war. Quinn hielt einen Augenblick inne, um darüber nachzudenken, was er da tat. Schrieb er Unsinn nieder? Vertrödelte er schwachsinnig den Abend, oder versuchte er, etwas zu finden? Jede Antwort, erkannte er, war unannehmbar. Warum, wenn er lediglich die Zeit totschlug, hatte er sich eine so mühsame Methode dafür ausgesucht? War er so verwirrt, dass er nicht mehr den Mut aufbrachte zu denken? Andererseits, was hatte er tatsächlich vor, wenn er sich nicht nur zerstreuen wollte? Es schien ihm, dass er nach einem Zeichen suchte. Er durchsuchte das Chaos der Bewegungen Stillmans nach einem Ansatz von zwingender Notwendigkeit. Das setzte eines voraus: Dass er noch immer nicht an die bloße Willkürlichkeit der Handlungen Stillmans glaubte. Er wollte, dass sie einen Sinn hatten, so dunkel er auch sein mochte. Das war an sich unannehmbar. Denn es bedeutete, dass Quinn sich gestattete, die Tatsachen zu leugnen, und das war, wie er sehr wohl wusste, das Schlimmste, was ein Detektiv tun konnte.

Dennoch beschloss er weiterzumachen. Es war noch nicht spät, noch nicht einmal elf Uhr, und im Grunde konnte es nicht schaden. Die dritte Karte hatte keine Ähnlichkeit mit den beiden anderen.

Was sich aus alldem ergab, schien außer Frage zu stehen. Wenn er von den Schnörkeln im Park absah, hatte Quinn zweifellos den Buchstaben «E» vor sich. Nahm man an, dass die erste Zeichnung den Buchstaben «O» darstellte, so schien es auch legitim zu sein anzunehmen, dass die Vogelschwingen der zweiten den Buchstaben «W» bildeten. Quinn war jedoch noch nicht bereit, Schlüsse zu ziehen. Er hatte seine genaue Untersuchung erst am fünften Tag der Wanderungen Stillmans begonnen, und die ersten vier Buchstaben konnte er nur erraten. Er bedauerte, nicht früher angefangen zu haben, denn er wusste nun, dass das Geheimnis dieser vier Tage unwiederbringlich verloren war. Aber vielleicht konnte er die Versäumnisse der Vergangenheit wieder gutmachen, indem er weiter forschte. Wenn er am Ende ankam, konnte er vielleicht den Anfang erahnen.

Die Zeichnung des nächsten Tages schien eine Form zu ergeben, die dem Buchstaben «R» ähnelte. Wie die anderen war sie ein wenig schwer zu erkennen durch zahllose Unregelmäßigkeiten, kleine Abweichungen und schmückende Schnörkel im Park. Quinn, der sich noch an einen Anschein von Objektivität klammerte, versuchte sie so zu betrachten, als hätte er nicht einen Buchstaben des Alphabets erwartet. Er musste zugeben, dass nichts sicher war: Alles konnte ganz bedeutungslos sein. Vielleicht suchte er Bilder in den Wolken, wie er es als kleiner Junge getan hatte. Dennoch, die Übereinstimmung war zu auffällig. Wenn eine Zeichnung einem Buchstaben geähnelt hätte, vielleicht zwei, hätte er es als eine Laune des Zufalls abtun können. Aber vier hintereinander, das war zu viel.

Der nächste Tag lieferte ihm ein schiefes «O», einen auf einer Seite eingedrückten Kringel mit drei oder vier Zacken, die auf der anderen Seite herausstanden. Dann kam ein sauberes «F» mit den üblichen Rokokoschnörkeln auf der Seite. Danach zeigte sich ein «B», das aussah wie zwei nachlässig aufeinander gestellte Kisten, über deren Ränder die Holzwolle der Verpackung quoll. Darauf folgte ein wackeliges «A», das ein wenig einer Stehleiter mit Tritten auf beiden Seiten glich. Und schließlich kam ein zweites «B», gefährlich schräg auf einen einzigen Punkt gestellt, wie eine auf dem Kopf stehende Pyramide.

Quinn schrieb die Buchstaben der Reihe nach auf: OWEROFBAB. Nachdem er eine Viertelstunde mit ihnen herumgespielt, sie immer wieder auseinander gerissen und in anderer Reihenfolge zusammengestellt hatte, kehrte er zu der ursprünglichen Anordnung zurück und schrieb sie so: OWER OF BAB. Die Lösung erschien ihm so grotesk, dass ihn beinahe die Nerven im Stich ließen. Auch wenn man berücksichtigte, dass er die ersten vier Tage versäumt hatte und dass Stillman noch nicht fertig war, schien die Antwort unausweichlich «Der Turm zu Babel» zu lauten: THE TOWER OF BABEL. *(SG)*

QUELLENNACHWEIS UND ABKÜRZUNGSVERZEICHNIS

AW = «Auggie Wrens Weihnachtsgeschichte», Rowohlt 1991, Sonderdruck

EE = «Die Erfindung der Einsamkeit», Rowohlt 1993

HM = «Von der Hand in den Mund», Rowohlt 1998

KH = «Die Kunst des Hungerns», Rowohlt 2000

L = «Leviathan», Rowohlt 1994

LD = «Im Land der letzten Dinge», Rowohlt 1989

MM = «Mond über Manhattan», Rowohlt 1990

MZ = «Die Musik des Zufalls», Rowohlt 1992

MV = «Mr. Vertigo», Rowohlt 1994

RN = «Das rote Notizbuch», Rowohlt 1996

SG = «Stadt aus Glas», Rowohlt 1989

SS = «Schlagschatten», Rowohlt 1989

VT = «Hinter verschlossenen Türen», Rowohlt 1989

Paul Auster, geboren 1947 in Newark / New Jersey, gilt in Amerika als eine der großen literarischen Entdeckungen der letzten Jahre. Er studierte Anglistik und vergleichende Literaturwissenschaft an der Columbia University und verbrachte danach einige Jahre in Paris. Heute lebt er in New York.

Die New York-Trilogie *Roman*
(rororo 12548)
«Eine literarische Sensation!»
Sunday Times

Smoke. Blue in the Face
Zwei Filme
(rororo 13666)

Die Erfindung der Einsamkeit
(rororo 13585)

Die Musik des Zufalls *Roman*
(rororo 13373)

Mr. Vertigo *Roman*
Deutsch von Werner Schmitz
320 Seiten. Gebunden und
als rororo Band 22152

Leviathan *Roman*
Deutsch von Werner Schmitz
320 Seiten. Gebunden und
als rororo Band 13927

Von der Hand in den Mund
Deutsch von Werner Schmitz
512 Seiten. Mit 24 farbigen
Tafeln. Gebunden und als
rororo Band 22634
Aller Anfang ist schwer: Paul
Austers amüsantes Selbstporträt
des Künstlers als hungernder
Mann vor dem Hintergrund
der bewegten sechziger und
siebziger Jahre.

Timbuktu *Roman*
Deutsch von Peter Torberg
192 Seiten. Gebunden und
als rororo 22882

Mond über Manhattan *Roman*
(rororo 22756)

Das rote Notizbuch
Deutsch von Werner Schmitz
64 Seiten. Pappband und als
rororo 23040

Paul Auster's Stadt aus Glas
*Herausgegeben von
Bob Callahan und
Art Spiegelman. New York-
Trilogie I. Großformat*
(rororo 13693)

Im Land der letzten Dinge
Roman
Deutsch von Werner Schmitz
200 Seiten. Gebunden und
als rororo Band 13043

Lulu on the Bridge
*Das Buch zum Film
mit Vanessa Redgrave
und Harvey Keitel*
(rororo 22426)

Mein New York.
*Mit einem Vorwort von
Luc Sante.*
Deutsch von Joachim A.
Frank und Werner Schmitz
120 Seiten. 15 Fotos.
Gebunden und als
rororo 23118

Thomas Pynchon lebt mit unbekanntem Aufenthaltsort in Mexiko und an der amerikanischen Westküste. Er verweigert jegliche Auskunft über sein Privatleben. Nur seine Bücher sollen Zeugen seiner Existenz sein. Die allerdings sorgen für Aufsehen und gelten wie sein Roman «Die Enden der Parabel» als literarische Ereignisse vom Rang eines «Ulysses». Pynchons Helden irren durch ein unentwirrbares Labyrinth von Widersprüchen und Mehrdeutigkeiten, von endlos ineinander verschachtelten und daher nie abschließbaren Geschichten.

Thomas Pynchon, am 8. Mai 1937 in Glen Cove, New York, geboren, studierte zunächst an der Cornell University, Ithaca, Physik, später Geisteswissenschaften. 1959 arbeitete er knapp drei Jahre bei Boeing als technischer Texter. Seitdem ist Thomas Pynchon nur noch in seinen Veröffentlichungen sichtbar.

«Der bedeutendste Romancier in Amerika heute.»
George Levine

Die Enden der Parabel _Roman_
(rororo 13514)
Das Leben als Parabel: Flugbahn zwischen zwei Punkten und der V-Waffen im Zweiten Weltkrieg, die Rakete als Sinnbild besiegter Schwerkraft und hybriden Männlichkeitswahns mit seinen katastrophalen Folgen. Peenemünde, Berlin, Los Angeles: die Tempel böser Geister.

Die Versteigerung von No. 49
Roman
(rororo 13550)
Zwei Wirklichkeiten der amerikanischen Welt: Unterhalb der Ebene offizieller Kommunikation existiert ein geheimnisvolles Informations-Netzwerk für Eingeweihte: Oedipa Maas irrt durch Kalifornien auf der Suche nach einer Erbschaft.

V. _Roman_
(rororo 13730)

Spätzünder _Frühe Erzählungen_
Deutsch von Thomas Piltz und Jürg Laederach
240 Seiten. Kartoniert und als rororo 13481

Vineland _Roman_
Deutsch von Dirk van Gunsteren
480 Seiten. Gebunden und als rororo 13628

Mason & Dixon _Roman_
Deutsch von Nikolaus Stingl
1024 Seiten. Gebunden und als rororo Band 22907

Stewart O'Nan wurde in Pittsburgh geboren und wuchs in Boston auf. Er arbeitete als Flugzeugingenieur und studierte in Cornell Literatur. Heute lebt er mit seiner Frau in Avon, Connecticut. Für seinen Erstlingsroman «Engel im Schnee» erhielt Stewart O'Nan 1993 den William-Faulkner-Preis.

Sommer der Züge
Roman
Deutsch von Thomas Gunkel
512 Seiten. Gebunden und als rororo 22778
Der bewegende Roman einer Familie, deren Leben im Kriegssommer 1943 von lauten und leisen Katastrophen überschattet wird. O'Nans neuer Roman zählt zu den Werken, «die man leichtfüßig betritt und nur schweren Herzens wieder verläßt». *Neue Zürcher Zeitung*

Engel im Schnee *Roman*
Deutsch von Thomas Gunkel
256 Seiten. Gebunden und als rororo 22363
«Stewart O'Nan spürt die großen Tragödien menschlicher Verstrickungen auf. Sein spannendes Erzählwerk ist zum Heulen traurig und voller Schönheit, seine Sprache genau und von bestechendem Charme. Die literarische Szene ist um einen exzellenten Erzähler reicher geworden.»
Der Spiegel

Das Glück der anderen
Roman
Deutsch von Thomas Gunkel
224 Seiten. Gebunden

Die Speed Queen *Roman*
Deutsch von Thomas Gunkel
480 Seiten. Gebunden und als rororo 22640
Margie Standiford sitzt in der Todeszelle eines Gefängnisses. Stunden vor der Hinrichtung spricht sie ihre Lebensgeschichte auf Band. Sie erzählt, wie sie zur «Speed Queen» wurde; wie aus dem Drogenkonsum mit ihrem Mann und ihrer – und seiner – Geliebten Dealen wurde, aus Dealen Raub und aus Raub vielfacher Mord.
«Ein großartiges Buch.»
Die Welt

Die Armee der Superhelden
Erzählungen
Paperback 22675 und als rororo 23023
In diesen preisgekrönten Erzählungen entfaltet Stewart O'Nan die ganze Bandbreite menschlichen Lebens zwischen Verzweiflung und Hoffnung.

Weiter Informationen in der **Rowohlt Revue**, kostenlos in Ihrer Buchhandlung, und im **Internet: www.rororo.de**